Andreas Brenner

CoronaEthik

Ein Fall von Global-Verantwortung?

Königshausen & Neumann

Bibliografische Information der Deutschen Nationalbibliothek

Die Deutsche Nationalbibliothek verzeichnet diese Publikation in der Deutschen
Nationalbibliografie; detaillierte bibliografische Daten sind im Internet
über http://dnb.d-nb.de abrufbar.

© Verlag Königshausen & Neumann GmbH, Würzburg 2020
Gedruckt auf säurefreiem, alterungsbeständigem Papier
Umschlag: skh-softics / coverart
Umschlagabbildung: Fergregory: 3D rendering of planet earth wearing a surgical mask;
#347296185 © adobestock.com
Printed in Germany
ISBN 978-3-8260-7171-3
www.koenigshausen-neumann.de
www.ebook.de
www.buchhandel.de
www.buchkatalog.de

Inhaltsverzeichnis

Vorwort.. 7

1. Von der Mobilmachung zum Lockdown........................ 9

2. Auslese zum Leben und zum Sterben........................... 13

3. Geld oder Leben 23

4. Was Zahlen sagen 31

5. Von Experten und vom Weltwissen......................... 35

6. Von der Pandemie zum Ausnahme-Notstand............. 41

7. Die Ausnahme-Ethik 53

8. Die Ausnahme-Gesellschaft 65

9. Freiheit, die sie meinen 73

10. Nach der Pandemie ist vor der Pandemie 87

Anmerkungen.. 97

Literatur.. 103

Zum Autor und Danksagung 109

Vorwort

„Geschichten schreibt das Leben bekanntlich am besten, nur dass es nicht schreiben kann,"[1] und manchmal sind diese Geschichten so dicht, dass auch die Philosophie sich ihrer nicht entziehen kann. Das Jahr 2020 lieferte mit „Corona" eine solche Geschichte, die viele Fragen aufwirft und eine Debatte angestoßen hat, die nicht nur viele etablierte philosophische Theorien auf den Prüfstand stellt, sondern wahrscheinlich auch zum Motor einer langanhaltenden philosophischen Beschäftigung werden wird.

Das spannungsreiche Verhältnis der Philosophie zu Naturereignissen ist nicht neu, sondern ihr geradezu immanent. So beschäftigte sich bereits der erste abendländische Philosoph Thales mit der Dürre, die seinerzeit den Mittelmeerraum plagte. Später gab der Vulkanausbruch, der Pompeji zerstörte zu denken und in neuer Zeit war es vor allem das Erdbeben von Lissabon, das in die Philosophiegeschichte einging. Aber auch die Vulkanausbrüche auf Tonga und Krakatau im 19. Jahrhundert oder die Hurrikans und Tsunamis des 20. und 21. Jahrhunderts forderten die philosophische Analyse heraus.[2] Am stärksten aber sind es die ansteckenden Krankheiten, welche die Philosophie zum Nachdenken bringen.

Pest, Pocken, Cholera, Typhus, Diphterie, Syphilis, Spanische und Russische Grippe, Aids, SARS und Ebola, – die Liste der Krankheiten, welche die Menschheit plagen ist lang und die Zahl der Opfer dramatisch. Dass diese Ereignisse nicht alleine die Naturwissenschaften und die Medizin herausfordern, liegt auf der Hand: Hier werden auch immer die

7

großen Themen der Philosophie angesprochen, also Hilfs-
pflicht und gerechte Verteilung von Mitteln, Solidarität und
Eigeninteresse, Freiheit und Verantwortung und natürlich
Leben und Tod.

Das Jahr 2020 brachte das ganze Spektrum der relevan-
ten Menschheitsfragen zum Bewusstsein und dies, wie es für
diese Fragen angemessen ist, weltweit. Das ist neu. Die vorliegende kurze Untersuchung versteht sich als ein erster Versuch der Beschäftigung mit diesen Fragen.

1. Von der Mobilmachung zum Lockdown

Als im März 2020 die Weltgesundheitsorganisation, WHO die Monate zuvor in China ausgebrochene COVID-19 Epidemie zur Pandemie erklärte, dauerte es nur Tage, bis die ersten Staaten in Europa mit einschneidenden Maßnahmen reagierten: Schulen und Hochschulen mussten den Präsenzunterricht einstellen, Kirchen, Moscheen und Synagogen wurden geschlossen, Bewohner von Altenheimen durften ihre Häuser nicht mehr verlassen und keine Besuche mehr empfangen, Großveranstaltungen von der Buchmesse bis zur Bundesliga wurden verboten, viele Unternehmen mussten ihren Betrieb einstellen und die Staatsgrenzen wurden geschlossen. Wie ein Lauffeuer verbreiteten sich diese Maßnahmen und wurden von Tag zu Tag, bald von Stunde zu Stunde nachvollzogen und immer mehr Länder schlossen sich dem Vorbild ihrer Nachbarn an und bald glichen sie sich alle mehr oder weniger in der Intensität der invasiven Eingriffe in das gesellschaftliche Leben. Am Ende, als alle Dominosteine umgefallen waren, befanden sich alle Staaten in einem „Lockdown" genannten Stillstand.

Erst drei Monate zuvor war das neue Jahrzehnt in der Erinnerung an seinen hundertjährigen Vorläufer als Beginn der neuen *Golden Twenties* gefeiert worden, nun schlug es, auch dies in historischer Reminiszenz, bereits in seinem ersten Frühjahr in sein Gegenteil und den Vorboten eines neuen Krieges um. Wie so häufig und weit verbreitet, ersetzen kriegerische Vokabeln die therapeutischen und es war viel von Kampf, Krieg und Sieg die Rede. In diesem Sinne machte der französische Präsident seinen Landsleute klar, wo sie sich befanden: „Wir sind im Krieg".[3] Fast möchte man es als Ironie betrachten, dass der Präsident die gravierenden Schritte zur Stilllegung des öffentlichen Lebens, als das genaue Gegenteil bezeichnete, nämlich als „General*mobil*machung". Dieser Begriff erschien ihm angesichts des zu bekriegenden Feindes – es ist, wohlgemerkt, immer noch von einem Virus die Rede – nicht fehl am Platz, weist sich dieser doch durch Unsichtbarkeit aus, was man ihm auch als Heimtücke auslegen kann, weswegen nun, wie bei anderen Kriegen auch, alle zusammenhalten müssen.

Trotz zu erwartender Opfer sei jedoch eines gewiss: „Wir werden siegen", weissagte der Präsident unter den eingespielten Klängen der Marseillaise, einer ebenso eingängigen wie kriegerischen Melodie, die, auch dies im Kontrast zum soeben verhängten gesellschaftlichen Stillstand, eine *Marsch*musik ist. Die vielfältig angestimmte Kriegsrhetorik, derer sich nicht allein das französische Staatsoberhaupt bediente, entfaltete eine Wirkung, die weit über die Anstrengungen zur Eindämmung der Pandemie hinausging und, wie wir noch sehen werden, Einfluss auf den Umgang mit der Kritik an der Anti-Corona-Politik haben sollte.

Trotz dieser Nebengeräusche war jedoch auch der Haupttenor dieser neuen Politik nicht zu überhören, welchen man auf einen Begriff bringen kann, den der *Verantwortung*. Denn darum ging es ja, wie die Verantwortlichen in der Politik erklärten: Der Staat, der derlei Maßnahmen verordnet, will seiner Verantwortung nachkommen und ihr gerade dadurch, dass er das gesellschaftliche Leben so gravierend beschneidet, gerecht werden. Und da bald einmal die überwiegende Mehrzahl der Staaten sich zu ähnlichen Maßnahmen entschloss, erscheint die Zeit der Anti-Corona-Politik als noch nie gesehener Fall von Global-Verantwortung. Fast möchte man glauben, dass Immanuel Kants Aufklärungsoptimismus spät zwar, aber immerhin im 21. Jahrhundert, endlich wahr geworden und sogar übertroffen worden ist und der globale Völkerbund seither nicht nur durch Völkerrecht, sondern auch durch ethische Grundüberzeugungen und das Bemühen um Verantwortung zusammengeschweißt worden ist.

Denn die Staaten verteidigten mit den invasiven Maßnahmen ihre vornehmste Verantwortung, die Sorge um Leben. Konkret ging es um die Schwächsten und Gefährdetsten, die sogenannten Risikogruppen zu denen alte Menschen und Menschen mit bestimmten Vorerkrankungen zählen. Als Ziel der Anti-Corona-Politik galt, die Verbreitung des Virus einzudämmen, damit möglichst wenige Menschen daran erkranken und noch weniger daran sterben müssten. Damit verbunden war das weitere Ziel, einen Zusammenbruch der medizinischen Infrastruktur als Folge einer zu großen Zahl von Akutfällen zu verhindern, was gleichfalls intendierte, die Opferzahl so gering als möglich zu halten. Das Ziel des Systemerhalts erhielt eine zusätzliche Komponente dadurch, dass mit der Vermeidung der Gefährdung der medizinischen Infrastruktur auch eine ethisch höchst brisante Situation zu vermeiden getrachtet wurde, nämlich über die Verteilung knapper lebensrettender Ressourcen entscheiden zu müssen. Denn die medizinische Brisanz einer Covid-19-Erkrankung besteht ja darin, im schlimmsten Fall auf ein Beatmungsgerät angewiesen zu sein und damit einer Hilfe zu bedürfen, welche selbst in reichen Ländern nur in begrenztem Maße zur Verfügung steht. Diesen ethischen Ausnahmefall einer Entscheidung über Leben und Tod galt es zu vermeiden.

Die Anti-Corona-Maßnahmen, welche ab März 2020 global ergriffen wurden, haben die politische Ethik revolutioniert und zusätzlich das politische Handeln auf einen Bereich, den der Virenabwehr, fokussiert, so dass alle anderen politischen Ziele daran ausgerichtet und bewertet wurden. Was diesem Ziel diente, galt von nun an als gut, was diesem Ziel im Wege stand, galt von nun an als schlecht.

So positiv die Orientierung an der Virenabwehr aus verantwortungsethischer Sicht auch erscheint, es bleiben auch Fragen, welche einen kritischen Blick auf die Corona-Ethik nötig macht.

2. Auslese zum Leben und zum Sterben

Von den vielen Annahmen, Befürchtungen und Szenarien, die im Zusammenhang von „Corona" die Runde machten, ist wohl keine so verstörend und erschreckend, wie die Vorstellung, dass Ärzte unter Bedingungen der Knappheit darüber entscheiden, wer die lebensrettende Hilfe bekommt und wem sie versagt bleibt und dementsprechend zum Sterben verurteilt wird. Zum „Sterben verurteilt" beschreibt dabei die Extremsituation einer Auslese, für die sich der französische Begriff der *Triage* etabliert hat.

Diesem Begriff, der am Rande der europäischen Schlachtfelder des 18. Jahrhunderts aufkam, haftet bis heute das Brutale und Martialische des Krieges an. Das französische „Triage", also die „Auslese" oder „Auswahl", ist eine Bezeichnung aus der Militärmedizin. Aufgekommen in den napoleonischen Kriegen, diente die Triage, also die Auswahl der Soldaten, welchen medizinische Hilfe zuteilwerden sollte, der Wiederherstellung der Verwundeten zum Zwecke ihres erneuten Kampfeinsatzes und mithin der Aufrechterhaltung der Schlagkraft der Armee. Der Triage-Offizier hatte zu diesem Zweck die Verwundeten auszuwählen, bei denen der Einsatz der vorhandenen knappen medizinischen Mittel den höchsten Ertrag erbringt. Dieser Ertrag bemaß sich dabei jedoch nicht am individuellen Wohl der Patienten, sondern dem der Armee. Wenn der Triage-Offizier, der Arzt oder Sanitäter ist, sich bei seiner „Sichtung", wie das Triage-Prozedere im Deutschen genannt wird, nicht am Wohl des Einzelnen, sondern der Effizienz der Armee orientiert, offenbart sich auch das Skandalon der Triage. Was an der Militär-

Triage empört, ist nämlich nicht ein utilitaristisches Kalkül des größten Glücks der größten Zahl. Denn was immer eine Kantische Perspektive gegen den Utilitarismus einwenden kann, so ist diesem doch zuzubilligen, dass er Betroffene, hier passt der philosophische Begriff der *patients*, in doppelter Weise, in den Blick nimmt: In der Orientierung am Gesamtnutzen können bekanntlich, was ja die Kritiker bemängeln, die einzelnen Patienten verrechnet werden, gleichwohl profitieren aber Menschen von eben dieser Verrechnung.

In der Sichtung der Militär-Triage findet hingegen nur scheinbar eine solche Verrechnung von Leben gegen Leben statt. In Wahrheit wird konkretes Leben zwar wie im klassischen utilitaristischen Kalkül gegen anderes konkretes Leben verrechnet, dies jedoch nicht, um eben dieses Lebens willen, sondern der Organisation willen, also der Armee. Dem Triage-Offizier geht es also weder um den einzelnen Verwundeten noch um das Wohl der Mehrheit der Verwundeten, sondern allein um das Wohl bzw. die Funktionstüchtigkeit seiner Organisation, der Armee.

Wenn sich die politischen Entscheidungsträger im März 2020 aus gesellschaftlicher Verantwortung für den gesellschaftlichen Lockdown entschieden, mögen ihnen solche düsteren Szenarien einer *Disaster-Medizin*,[4] wie sie in der angelsächsischen Debatte genannt wird, vor Augen gestanden haben: Koste es, was es wolle; das moralische Desaster einer Auslese sollte vermieden werden. Man sieht auch warum: Keine Triage und nicht nur die Kriegs-Triage, kann ethisch überzeugen. Die Rede, dass Triage-Situationen durch Dilemmas geprägt seien und diese nun einmal nach einer Ausnahme-Ethik verlangten, ist eine Nebelkerze: Die Rede von der Ausnahme-Ethik blendet ein Grundverständnis von Ethik aus. Wenn man sich von der Ethik, als der Wissenschaft vom richtigen Handeln, eine Ausnahme erlaubt, dann landet man irgendwo, aber sicher nicht mehr in der Ethik.

Mit Blick auf die Triage bedeutet das jedoch nicht, dass man sich in Bezug auf Situationen extremer Knappheit nicht argumentativ wappnen sollte. Für Entscheidungen, welche auch dann notwendig sind, muss das heißen, dass sie auf Gründen beruhen müssen. Weil diese aber so schwierig zu finden sind, haben viele Gesundheitsbehörden in der Hochphase der Pandemie medizinische Kapazität für Corona-Patienten aufgebaut bzw. freigehalten. Dem lag die Hoffnung zu Grunde, dass damit Triage-Situationen vermieden werden könnten.

Bereits hier zeigte sich ein *Verantwortungsparadox* der Anti-Corona-Maßnahmen, dem häufig ein *Isolationsfehler* vorausgegangen ist: So lange man von einer isolierten Handlungssituation ausgeht, mithin also ausblendet, dass Handlungen miteinander verwoben sind und in der Regel so viele Nebeneffekte auslösen, dass diese vermeintlich eigenständige Handlungsräume berühren, so lange kann eine Handlung verantwortungsethisch begründet werden. So wie aber Menschen ihr Leben nicht isoliert von anderen Menschen leben, sondern ein mit anderen Leben verwobenes Leben leben, so berühren und verweben sich auch Handlungen mit anderen Handlungen – gleichgültig, ob es die eigenen oder diejenigen anderer Personen sind. Der, diesen Sachverhalt leugnende Isolationsfehler, kann dann zum Verantwortungsparadox führen, wenn eine Handlung isoliert betrachtet, zwar verantwortungsethisch begründet ist, sich im Kontext mit anderen Handlungen jedoch als unverantwortlich erweist. Ein solches Verantwortungsparadox liegt beispielsweise dann vor, wenn, um Triage-Situationen zu vermeiden, Intensivbetten freigehalten werden und zu diesem Zweck andere, gleichfalls dringliche medizinische Maßnahmen herausgezögert werden. Das Freihalten von Intensivbetten ist dann nur isoliert betrachtet, verantwortungsethisch richtig, kann jedoch im Kontext weiterer medizinischer Bedürftigkeit wie noch diskutiert wird, problematisch werden.

Es wäre nun verfehlt, einen solchen Einwand mit der Behauptung abzutun, eine jede Handlung sei ein Fall eines Verantwortungsparadox, da jede Handlung im Kontext anderer Handlungen sich als problematisch erweisen könne. Dem ist offensichtlich nicht so, wie Fälle von Hilfeleistungen belegen. Wenn jemand, wie beim berühmten Teichbeispiel von Peter Singer, das Kind vor dem Ertrinken rettet, handelt er auch dann verantwortungsethisch, wenn man die Rettungsaktion in einen weiten Handlungskontext stellt. Dies lässt sowohl aufmerken als es auch zur Vorsicht gemahnt: Verantwortungsethisch korrekte Handlungen müssen auf ihren Kontext hin überprüft werden, um sich eines eventuell vorliegenden Verantwortungsparadoxons bewusst zu werden. Dort, wo ein solches Verantwortungsparadox vorliegt, also eine verantwortungsethische Handlung neben den intendierten positiven zugleich nicht-intendierte negative Effekte bewirkt, muss auf diese Handlung nicht notwendigerweise verzichtet werden, wohl aber sind in dem Falle weitere verantwortungsethische Abklärungen gefordert, welche auch zu einer Güterabwägung führen können.

Wie aber muss in einer Situation akuter Ressourcenknappheit entschieden werden? Die moderne Katastrophenmedizin verfügt diesbezüglich über ein ausgearbeitetes Verfahren, das sich lediglich in dem Punkt an der Kriegs-Triage anlehnt, als sie gleichfalls auf den Sichtbefund angewiesen bleibt. Diente jedoch dort die sichtbefundgestützte Auslese der Verletzten dem Erhalt des militärischen Systems und nicht der Rettung von Menschen, die, wenn sie als Ausgelesene gerettet werden, lediglich deshalb gerettet werden, um das militärische System zu erhalten, so fokussiert die Katastrophen-Triage eindeutig auf den Menschen um seiner selbst willen.

Wie und das heißt immer auch, welche Menschen durch die Corona-Triage begünstigt werden, darüber herrscht indes keineswegs Konsens. Denn hier greift, anders als in der Kriegs-Triage, die auf Menschen und nicht auf ein System bezogene philosophisch erprobte Alternative Kantianismus versus Utilitarismus. Geradezu lehrbuchhaft führen medizinische Fachgesellschaften vor, nach welchen ethischen Kriterien im Falle eines eklatanten Ressourcenmangels, hier also, dem Mangel an Beatmungsgeräten, entschieden werden kann bzw. entschieden werden soll. Schauen wir uns im Folgenden mögliche Optionen an, wie sie in der Corona-Krise auch tatsächlich vertreten wurden.

So kann man entscheiden, jüngere Menschen durch die zur Verfügung-Stellung eines Beatmungsgerätes zu retten und in einer extremen Mangelsituation damit ältere Menschen von der Rettung auszuschließen, weil sie kraft ihres Alters ohnehin nur noch weniger lange leben werden. Das dieser Entscheidung zu Grunde liegende utilitaristische Argument lautet demnach, dass sich die Rettung des Jüngeren zu Lasten des Älteren mehr lohne, weil es zum Ertrag von mehr Lebensjahren führe. Wer findet, dass sich die Bevorzugung des Jüngeren mehr lohnt, trifft damit zugleich eine Lebenswertentscheidung. Diese kann insofern utilitaristisch begründet werden, als der Jüngere durch seine erwartbar längere Lebenszeit mehr Potential hat, einen positiven Beitrag an die Gesellschaft zu leisten, nicht zuletzt auch in Form einer Rückzahlung der mit seiner Rettung angefallenen Kosten. Solche Vorstellungen der Amortisierung von Ausgaben der medizinischen Infrastruktur sind wohl letztlich bei der Entscheidung zur Bevorzugung des Jüngeren stärker leitend als die von den Kritikern häufig beklagte Entscheidung über einen intrinsischen Lebenswert. Denn intrinsische Lebenswertentscheidungen sind ja nicht nur historisch diskreditiert, sondern auch in der Sache nicht nachvollziehbar und dies gleich zweifach: Zum einen kann niemand anderer eine begründete Aussage über den Wert des Lebens machen als eben jener, der dieses Leben lebt und zum anderen offenbaren von außen zugeschriebene intrinsische Lebenswertentscheidungen ein völliges Unverständnis dessen, was den Wert des Lebens ausmacht. Denn egal wie man sich dem Begriff des Lebens auch annähert, so ist es doch völlig verfehlt, das Phänomen des Lebens als quantitatives Phänomen zu betrachten und entsprechend den Schluss zu ziehen, dass der Jüngere ein wertvolleres Leben als der Ältere habe. Und ebenso ist es verfehlt das Leben von der momentanen Situation aus zu beurteilen. Denn Leben ist ja selbst aus der ersten Person-Perspektive nicht vollständig aus dem Moment heraus zu beurteilen: Zu des Lebens Ganze gehören die Vergangenheit wie die Zukunft dazu und letztere ist unabhängig ihrer Dauer von Bedeutung.

Wenn man dessen ungeachtet eine Lebenswertbilanz und das heißt ja auch eine Lebensnützlichkeitsbilanz aufstellt, dann muss man im Konfliktfalle nicht nur jüngere Menschen gegenüber älteren bei der Zuteilung lebensrettender Beatmungsgeräte bevorzugen, sondern über den Einsatz bereits zugeteilter Geräte immer wieder neu entscheiden. Dann wird also nicht allein entschieden, wer das Beatmungsgerät bekommt, sondern auch, wer es denn behalten darf. Diese „Verlaufs-Triage", wie sie beispielsweise von der schweizerischen medizinethischen Dachorganisation vertreten wird, macht die Lebenswert-Bilanzierung zu einem utilitaristischen Dauertest.[5] Bei aller Kritik, die man daran äußern kann, eines kann man diesem Verfahren nicht absprechen, seine Konsequenz. Denn wenn man sich einmal auf diesen Weg der Bilanzierung begibt, dann ist es nur folgerichtig, es bei der Erstbilanz nicht bleiben zu lassen und der Erstbilanz weitere Bilanzierungen folgen zu lassen, – mit durchaus drastischer Konsequenz. Denn wer in der Verlaufs-Triage seinen Spitzenwert einbüßt und von jemand anderem verdrängt wird, dem wird das Beatmungsgerät wieder genommen, was möglicherweise seinen Tod bedeutet. Auch dieser Schritt lässt sich durch einen zu erzielenden höheren gesellschaftlichen Nutzen rechtfertigen. Man sieht, bereits der Beginn der Sichtung kann der erste Schritt ins Gruselkabinett sein. Und was hindert einen, weitere klassifizierende Kriterien zu sichten und dann neben dem Alter beispielsweise auch gesellschaftliche Stellung und Bedeutung zu qualifizieren? Dann müsste man sich also fragen, ob nicht etwa der Virologe wichtiger als der Lockführer ist – zumal sich die Bahn ja gerade im Lockdown befindet – oder ob die Regierungschefin nicht die Studentin trumpft?

Um solche Diskriminierungen zu vermeiden, hilft nur eines, der „Grundsatz der Lebenswertindifferenz"[6] und das strikte Verbot jeglicher Wertung von Leben: Denn jede Abweichung von diesem Grundsatz führt in den Abgrund von Bewertungen, aus denen es keinen Ausweg mehr gibt. Um nicht in diesen Abgrund zu geraten, muss man vermeiden, Wertungen mit Werten zu verwechseln. Da im Deutschen das Wort Wert zweierlei Bedeutung hat, zum einen eine ökonomische und zum anderen eine ethische, unterläuft eine solche Verwechslung jedoch leicht und häufig glaubt derjenige, der einen ökonomischen Wert meint, damit auch einen ethischen Wert zu vertreten.

Dieser Verwechslung scheint auch die italienische Gesellschaft für Intensivmedizin erlegen zu sein, als sie empfahl, die knappen Beatmungsgeräte jenen zur Verfügung zu stellen, die eine höhere Überlebenswahrscheinlichkeit haben und mit denen mehr Jahre geretteten Lebens zu erzielen seien.[7] Durch dieses utilitaristische Kalkül werden aber Menschen um das gebracht, auf das sie doch Anspruch haben, nämlich die Hilfe in der Not. Die dagegen empfohlene Ignoranz gegenüber der individuellen Bedürftigkeit von Menschen wird mit dem vermeintlichen Wertzuwachs an gewonnenen Lebensjahren gerechtfertigt. In der Fokussierung auf die Quantität – von Lebensjahren – gehen aber konkrete Menschen unter zu Gunsten von abstrakten Menschenlebensjahren. Und damit finden wir uns unversehens in der Ersetzung des Konkreten durch ein Abstraktes wieder, wie es die traditionelle Kriegs-Triage mit ihrer Orientierung an der Erhaltung der Schlagkraft der Armee, statt der Rettung von Menschen, praktiziert. In der Logik dieses Ansatzes liegt dann nicht nur, dass jüngere Patienten bei gleicher Bedürftigkeit älteren Patienten vorgezogen werden, sondern dass sogar jüngere Patienten geringerer Bedürftigkeit gegenüber älteren Patienten höherer Bedürftigkeit der Vorrang eingeräumt werden müsste.[8] Zu solchen Verwerfungen ethischer Grundsätze – und im Übrigen auch der wohlbegründeten Triage-Differenzierungen – kommt es, wenn man einseitig auf den quantitativen Wertbegriff setzt und nicht auf den ethischen Wert des Lebens. Dieser aber sperrt sich gegen quantifizierende Verrechnungen. Nur wenn das Leben als ein Recht anerkannt und staatlicherseits geschützt wird, kann der Skandal einer Triage, welcher Menschen um ihren Anspruch auf Rettung bringt, vermieden werden.

Jedoch kann es auch dann geschehen, dass nicht alle, die der Hilfe bedürfen, gerettet werden können. Solche Verluste von Leben sind tragisch. Sie sind jedoch dann kein Skandal, wenn sie allein der Tatsache geschuldet sind, dass das Leben in Ermangelung zur Verfügung stehender Ressourcen nicht gerettet werden kann. Selbstverständlich sollte eine solche „tragische Unmöglichkeit"[9] soweit es geht vermieden werden. Aber auch reiche Staaten können an Grenzen ihrer Ressourcen kommen, was dann zur Folge haben kann, dass Menschen nicht gerettet werden können. Solche Verluste an Leben dürfen indes nur Folge der Unmöglichkeit sein, die rettende Ressource anbieten zu können, nicht jedoch Folge einer Wahlentscheidung, diese Ressource einem konkreten Menschen vorzuenthalten.

3. Geld oder Leben

Im vorangegangenen Kapitel wurde die tragische Unmöglichkeit lebensrettende Ressourcen zur Verfügung zu haben, als entschuldigender Grund für den Verlust von Leben beschrieben. Aber stimmt das? Können auch reiche Länder entschuldbarer Weise von der Pflicht entlastet sein, unter finanziellem Einsatz Ressourcen zur Verfügung zu stellen, welche im Bedarfsfalle Menschenleben retten könnten? Konkret und mit Bezug auf die Corona-Pandemie gefragt: Haben die Länder, die sich entsprechende Investitionen hätten leisten können, sträflicher Weise ihre Fürsorgepflicht gegenüber ihren Bürgern versäumt, weil sie in Prä-Corona-Zeiten nicht genügend Beatmungsgeräte angeschafft und nicht genügend Intensivbetten bereitgestellt hatten und damit zusätzlich einen wesentlichen Grund für den Lockdown selbst geliefert haben? Denn, wir erinnern uns, dieser wurde in erster Linie mit dem drohenden Zusammenbruch des Gesundheitssystems sowie dem drohenden Skandalon der Triage begründet.

Da also eine vorsorgliche größere Investition in das Gesundheitssystem die Gefahr einer Triage-Situation hätte vermeiden können, stellt sich die Frage: Wie ist es zu beurteilen, wenn sich Staaten bewusst gegen entsprechende Investitionen in die Gesundheitsinfrastruktur entscheiden? Haben sie damit Leben gegen Geld abgewogen? Diese Frage gewinnt daher besondere Brisanz, weil die vom Ethikrat als entschuldigender Grund genannte Unmöglichkeitssituation sich nur auf nicht-gemachte, also gleichsam schicksalhafte Unmöglichkeiten bezieht; nur diese gelten als verantwortungsentlastend. Bei den Beatmungsgeräten sieht das anders aus: Deren Mangel verursacht im Falle extrem hohen Bedarfs die Unmöglichkeitssituation, alle Bedürftigen retten zu können, jedoch ist diese Situation Folge politischer Entscheidungen und nicht eines Schicksals, wie dies etwa eine die Geräte zerstörende Überschwemmung wäre. Von solchen rein schicksalsbewirkten Unmöglichkeitssituationen müssen also die qua autonomer Entscheidung herbeigeführten anthropogenen Unmöglichkeitssituationen unterschieden werden.

Anthropogene Unmöglichkeitssituationen hat es während der Corona-Pandemie beispielsweise in Italien gegeben. Nun könnte man den Mangel an lebensrettenden Beatmungsgeräten als Folge mangelnden Verantwortungsbewusstseins kritisieren. Die Kritik würde dann lauten: Wenn die Beatmungsgeräte in der Corona-Pandemie knapp geworden sind, so sind sie deshalb knapp geworden, weil diese Knappheit insofern bewusst herbeigeführt wurde, als sie nicht bewusst – nämlich durch ein entsprechendes Investitionsprogramm – vermieden wurde.

Für eine solche Entscheidung kann es jedoch gute Gründe geben. Ein solcher Grund wäre beispielsweise, das durch den Verzicht auf eine weitere Investition in den Gesundheitsbereich eingesparte Geld in einen anderen Bereich zu investieren, der gleichsam Menschen zu Gute kommt und – indirekt – gleichsam deren Gesundheit verbessert, was beispielsweise bei Ausgaben im Bildungsbereich der Fall sein kann.[10] Das Urteil, dass anthropogenen Unmöglichkeitssituationen die Entscheidung „Leben gegen Geld" zugrunde gelegen habe, lässt sich demnach nicht uneingeschränkt halten. Dies ist selbst bei Grenznutzenentscheidungen, auf die anthropogene Unmöglichkeitssituationen häufig zurückgehen, der Fall. Denn wenn ein weiteres Investment in den Gesundheitsbereich mit dem Argument unterbleibt, dass dies nur „mittels Einsparungen in anderen gesellschaftlichen Bereichen"[11] möglich wäre, so ist dies weder ein Fall einer Verrechnung von Leben gegen Geld noch ein Fall einer Verrechnung von Leben gegen Leben. Denn zum Zeitpunkt der Entscheidung über die Verteilung der Gelder gab es kein konkretes Leben, das gegen Geld aufgewogen oder mit einem anderen konkreten Leben in eine Relation gebracht wurde. Die sich verbietende Monetarisierung von Menschenleben greift erst in Situationen, in denen konkrete Leben monetär oder in Relation zu anderen konkreten Leben gewichtet werden. Damit ist die anthropogene Unmöglichkeitssituation dann, aber auch nur dann, hinnehmbar und ethisch zu verantworten, wenn Grenznutzenentscheidungen erstens wohl begründet sind und wenn sie zweitens nichtdiskriminierend sind. Denn wenngleich Investitionsentscheidungen immer vor dem Hintergrund von Begrenztheiten getroffen werden und die Begünstigung der einen Seite immer eine Benachteiligung der anderen Seite bedeutet, so kann dies, selbst wenn dabei keine Verrechnung konkreter Menschen stattfindet, eine Verrechnung und damit Diskriminierung konkreter Gruppen von Menschen, bzw. bestimmter Alterskohorten, bedeuten. Das wird beispielsweise am erwähnten Beispiel der Bildungsinvestition deutlich: Dass diese verantwortungsethisch sinnvoll und damit gerechtfertigt ist, ist zwar unbestritten, indes gilt dies vornehmlich für die jüngere Generation. Die ältere Generation profitiert deutlich weniger von Investitionen in den Bildungsbereich und dafür mehr von Investitionen in den Gesundheitsbereich. Daher könnten sich ältere Menschen durch die Mittelvergabe in den einen Bereich konkret benachteiligt und diskriminiert fühlen. Allerdings, und das macht die Sache nicht einfacher, könnten sich bei einem umgekehrten Szenario die Jüngeren diskriminiert sehen. In einer Welt der Begrenzungen – und eine andere Welt gibt es nicht –, scheint es aus diesem Dilemma keinen Ausweg zu geben. Allerdings mag man einwenden wollen, dass das Leben ein höheres und mithin stärker schützenswertes Gut ist als es das gleichfalls hohe, aber dennoch nicht höchste Gut der Bildung, sei. Ist eine solche Taxonomie, wie sie von den entsprechenden Menschenrechtsdokumenten aber auch von philosophischen Theorien[12] gestützt wird, auch unstrittig, so bleibt unklar, was das in der Praxis bedeutet. Denn auch hier gilt das Leben als der Güter höchstes nur als konkretes Leben, nicht jedoch als statistische Größe.

Entsprechend ist der Staat nicht verpflichtet, alle Lebensgefährdungen, denen ein Mensch in seinem konkreten Leben statistisch gesehen, ausgesetzt sein kann, auszuschließen. Wir leben mithin weiter unter dem Risiko, Opfer von Unfällen, Gewalttaten oder eben auch Krankheiten zu werden. Derlei Lebensrisiken mutet uns der Staat – und mit ihm auch wir selbst – uns zu. Zwischen Staat als Institution und seinen Bürgern besteht diesbezüglich der Konsens, dass eine drastische Minderung der entsprechenden Risiken sowohl die Lebensqualität ebenso drastisch einschränken würde als auch gegebenenfalls andere Risiken zur Folge hätte. So wäre ein Leben ohne Gewalttaten wohl nur in einer totalitären Polizeidiktatur annähernd realisierbar und ein Leben ohne vermeidbare Krankheiten in einer Gesundheitsdiktatur.[13] Aber selbst Unfälle zu vermeiden, sieht der Staat sich häufig nicht verpflichtet.

Weil der Staat in der Corona-Pandemie die vorangegangene Entscheidung bezüglich des inhaltlichen Ausbaus der Gesundheitsinfrastruktur, konkret also, einer möglicherweise zu geringen Zahl von Intensivbetten und Beatmungs-geräten, auf die Schnelle nicht korrigieren konnte, hat er die-ses Manko durch Verhaltensvorschriften wie sie mit dem ge-sellschaftlichen Lockdown einhergingen, auszugleichen versucht. Ob diese Maßnahme verantwortungsethisch gebo-ten war, ist indes nicht so eindeutig zu beantworten, wie dies die staatlichen Verlautbarungen nahelegen. Denn auch diese Maßnahme könnte zu einem sich auf dem Isolationsfehler gründenden Verantwortungsparadox führen. Denn selbst wenn man die Entscheidungen isoliert auf den medizinischen Effekt hin auslegt, welcher eine Disaster-Medizin mit Triage-Situationen vermeiden sollte, so handelt man sich dadurch schädliche medizinische Nebeneffekte ein: Konkret wurden während des Lockdowns keine ganz dringlichen Operatio-nen mehr durchgeführt, was bei den betroffenen Patienten möglicherweise gesundheitliche Schäden in Form von Stress und Unwohlsein verursacht hat und bei den betroffenen Krankenhäusern empfindliche Einnahmeverluste zur Folge hatte. Zusätzlich kann man davon ausgehen, dass unter der Vorgabe, Intensivbetten freizuhalten, Hausärzte in ihrer Einweisungspolitik gehemmt und tendenziell zurückhaltend verfahren sind, was wiederum zu den besagten Schäden für die Patienten geführt haben könnte.

Dadurch könnten sich Kranke in ihrem Behandlungsan-spruch verletzt fühlen und dies selbst dann, wenn dieses Recht nicht unmittelbar, sondern lediglich potentiell verletzt wird. In diesem Sinne qualifizierte beispielsweise das deut-sche Bundesverfassungsgericht das Vorenthalten einer vor-handenen medizinischen Leistung als Verstoß gegen das Grundrecht auf körperliche Unversehrtheit und dies selbst dann, wenn von dieser Leistung lediglich „eine nicht ganz entfernt liegende Aussicht auf Heilung oder auf eine spürbare positive Einwirkung auf den Krankheitsverlauf"[14] zu erwarten wäre. Bezogen auf „Corona" zeigt sich, dass hier zwei Wahrscheinlichkeiten miteinander kollidieren: Denn die Pandemie bedeutet ebenso eine Erkrankungswahrscheinlichkeit, auf die der Staat zu reagieren hat, wie die Zurückstellung medizinischer Leistungen eine Erkrankungswahrscheinlichkeit darstellt, auf die der Staat gleichfalls zu reagieren hat.

Die Abwägung beider Eintrittswahrscheinlichkeiten fällt dabei zunächst zum Nachteil der prognostizierten und zu Gunsten der bestehenden Gefahr aus, denn erstere wird vermutet, während letztere vorhanden ist. Die Entscheidung zu Gunsten der Pandemiefolgenbegrenzung zum Nachteil des aktuell Leidenden lässt sich mithin erstens nur mit dem Erhalt des Gesundheitssystems und zweitens der beabsichtigten Vermeidung eines sehr großen Gesundheitsschadens begründen. Diese Wahrscheinlichkeitsakkumulation unterscheidet sich von allgemeinen Wahrscheinlichkeitsabwägungen bzw. -verrechnungen, wie sie in der Gesundheitsökonomie Gang und Gäbe sind[15] dadurch, dass in der beschriebenen Situation eine reine statistische Eintrittswahrscheinlichkeit gegen eine andere statistische Eintrittswahrscheinlichkeit abgewogen wird, die im Unterschied zur ersten jedoch auf einen konkreten Fall bezogen wird, dessen Zustand aktuell bereits als negativ zu bewerten ist. Diesen Unterschied kann man auch als den zwischen der Wahrscheinlichkeit krank zu werden in Relation zu der Wahrscheinlichkeit nicht gesund zu werden,[16] beschreiben. Sind beide diagnosegestützten Wahrscheinlichkeitsaussagen mit der gleichen Unsicherheit und der gleichen Schadenshöhe behaftet, so erweist sich eine Fehleinschätzung bezüglich ausbleibender Gesundung als folgenschwerer als eine solche bezüglich einer möglichen Erkrankung, da dort ja bereits ein Schaden vorhanden ist.

Es ist offensichtlich, dass sich damit die Pandemie-Begrenzungsstrategie vor hohe Hürden gestellt sieht. Nur die Abwehr katastrophaler, apokalyptischer Folgen kann gravierende Eingriffe in die Gesellschaft rechtfertigen. Und eben solche apokalyptischen Szenarien sind der Weltöffentlichkeit ab dem März 2020 in den unterschiedlichsten Varianten vorgeführt worden. Deren Angemessenheit wird mit von Experten gelieferten Daten begründet.

4. Was Zahlen sagen

Das Jahr 2020 ist das Jahr der Zahlen. Die Menschen sind mit gigantischen Zahlenmengen konfrontiert worden: Zahlen von real und potentiell Infizierten, von real und potentiell Genesenen, von real Verstorbenen, von Unter- und Übersterblichkeiten, von Gefahrenwahrscheinlichkeiten, von Genesungswahrscheinlichkeiten, von Wiederansteckungen, von zweiter Welle, dritter Welle und so weiter.

Solche Zahlenberge sind nicht nur typisch für eine Pandemie, sondern typisch für die moderne Wissenschaftsgesellschaft und diese hat unter Digitalbedingungen ihre Datenmengen nochmals gigantisch vermehrt. Da Zahlen sich auf die Wirklichkeit beziehen, könnte man vermuten, dass Menschen mit zunehmender Datenmenge über eine zunehmend bessere Wirklichkeitsorientierung verfügen. Dies ist indes nicht notwendiger Weise der Fall, was ganz einfach daran liegt, dass Zahlen als solche gar nichts sagen, sie müssen interpretiert werden. „Verstehen", schreibt Hans-Georg Gadamer, „ist immer Auslegung."[17] In einer Situation der Sorge, welche durch immer neue Zahlen weiter vergrößert wurde und dem, gleichfalls zahlengestützten, Appell, dass Handeln „jetzt" gefordert sei und keine Zeit „zu verlieren" sei, hatte die Mühe der Auslegung jedoch einen schweren Stand und Zahlen „galten". Die Geltung der Zahlen wurde häufig so vermittelt, als ob sie als solche, also Zahlen als Zahlen, bereits etwas aussagen könnten. Dem ist jedoch nicht so.

So gibt es auch mit Blick auf die pandemiebezogenen Zahlen letztlich keinen einzigen Datensatz, der nicht der Deutung bedarf. Dies gilt nicht zuletzt für die dramatische

Zahl der „Coronatoten". Die hier wichtige Nachfrage betrifft den Unterschied zwischen *an* und *mit*, konkret, ob ein Mensch an dem Virus, oder an einer anderen Ursache, aber mit dem Virus verstorben ist. Gleichfalls deutungsbedürftig ist die Zahl der Infektionen: Die in erster Linie erschreckend hohe Zahl der Infektionen – erschreckend deshalb, weil man bekanntlich an dem Virus sterben kann –, kann einen auch beruhigen, dann zumindest, wenn man sie als Resultat gründlicher Tests nimmt, weswegen umgekehrt die niedrigen Infektionszahlen mancher Länder lediglich beunruhigende Folge mangelnder Tests sein können.[18]

Die Deutungsnotwendigkeit der Zahlen bedeutet auch immer, sie in den Kontext zu stellen. Wenn man, um ein Beispiel zu nehmen, eine *Übersterblichkeit* von Rheinschwimmern während des Sommers diagnostiziert, so sagt diese traurige Zahl jedoch nichts über eine geringere Gefährlichkeit des Rheins im Herbst oder Winter aus, sondern belegt einfach, dass in diesen Jahreszeiten deutlich weniger Menschen im Rhein schwimmen gehen und die wenigen, die es tun, wohl überdurchschnittlich geübte Schwimmer sind.

Solange man nicht anerkennt, dass Zahlen und Daten primär vollkommen sinnlose Informationen sind, welche erst durch den Erkenntniskontext Sinn erhalten, läuft man Gefahr, in die Irre zu gehen. Gerade Zahlen in Verbindung mit dramatischen Begriffen wie Krankheit und Tod, entfalten jedoch schnell eine eigendynamische Interpretationsmacht, die durch die Mühe der Nachfrage und Kontextualisierung leicht relativiert werden kann. In Situationen, in denen Menschen sich von Datenmengen regelrecht überschüttet fühlen, kann es aber leicht geschehen, dass sie sich von einer allfälligen Kontextualisierungsanstrengung überfordert fühlen und aus den Informationen den ihnen suggerierten dramatischen

Sinn herauslesen oder, angesichts der unterstellten Dramatik, sich eine eigene Kontextualisierungsarbeit verbieten. Dann schlägt die Stunde der Experten.

Hochkomplexe Gesellschaften sind auf Experten angewiesen. Experten können helfen, mit ihrer Expertise die Komplexität von Phänomenen, die die Gesellschaft betreffen zu erläutern und dadurch können sie komplexitätsreduzierend wirken. Zusätzlich können Experten die Gesellschaft und Politik aufklären und beraten. So können Experten beispielsweise Gefahren frühzeitig entdecken und vor ihnen warnen. In dieser Funktion sind die Virologen in der Corona-Pandemie aufgetreten.

Auf diese Art wächst der Wissenschaft eine besondere Bedeutung zu; auch dies ist eine Entwicklung, die für die moderne und d.h. für die wissenschaftsbasierte Gesellschaft, typisch ist. Nicht zwingend und auch nicht wünschenswert ist hingegen, wenn die Gesellschaft unter den alles entscheidenden Einfluss einer einzigen Wissenschaft gerät und damit sowohl andere Wissenschaften als auch weitere gesellschaftliche Positionen marginalisiert. Gerade dieses Bild vermittelte jedoch die Situation ab dem Frühjahr 2020. Jedes Land hatte meistens einen, höchstens zwei, maßgebliche Virologen, welche die Deutungshoheit über die aktuelle Lage erhielten und damit fast unterhinterfragt Maßnahmen vorschlugen, welche von der Politik dann lediglich umgesetzt wurden. So lag das Schicksal ganzer Bevölkerungen und Volkswirtschaften in der Hand von kleinen Wissenschaftlerzirkeln, die bereits als „kleiner Kronrat" bezeichnet wurden.[19]

Eine solche Fokussierung ist nicht mit Komplexitätsreduktion zu verwechseln, sondern bedeutet den Verzicht auf Vielfalt von Meinungen, welche die Wissenschaftsgesellschaft eigentlich ausmacht. Damit wird das Gegenteil des

Wünschenswerten und Erwartbaren erreicht: Komplexität wird nicht reduziert, sondern verwischt. War in der ersten Zeit die Berichterstattung über den Virus noch von sowohl viel Unwissen als auch viel verschiedenem Wissen bestimmt, so verringerte sich diese Vielfalt sehr bald: Der Virus, sein Verhalten, seine Verbreitung und seine Gefährlichkeit leitete sich zunehmend aus einer Erklärung ab.

Mit Blick auf die Corona-Pandemie spricht viel dafür, dass eine Fokussierung auf die allein naturwissenschaftliche und noch weiter reduzierend auf die allein virologische Dimension zumindest als gewagt angesehen werden muss. Diese Einseitigkeit ist umso problematischer als die Pandemiebekämpfungsstrategie ja nur zum Teil eine virologische Dimension – Abstandsgebot, Hygiene- und Maskenpflicht – und immer auch eine politische Dimension hatte. „Corona" hätte also mit guten Gründen nicht die Stunde der Virologen, sondern des Wissens der Gesellschaft werden können. Denn es war bald jedem klar, dass wir es nicht nur mit einem neuen Virentyp zu tun hatten, sondern dass wir in einem besonders empfindlichen komplexen und pluralen System leben.[20] Offiziell wurde die Pandemie dagegen als eindimensionales Phänomen betrachtet, das zwar großen Schaden anrichten kann, sich aber mit *einer* Strategie überwinden lässt. Dass „Corona" viel mehr als das ist, zeigte sich bereits an seiem Ursprungsort: Als im Januar 2020 die Millionenstadt Wuhan abgeriegelt und die Bevölkerung unter Quarantäne gestellt wurde, war klar, dass der Virus auch ein gesellschaftliches Phänomen und auch eine gesellschaftliche Krise markierte. Die Ausbreitung des Virus über die ganze Welt hat diesen Eindruck weiter verstärkt.

5. Von Experten und vom Weltwissen

Gerade in einer gesellschaftlichen Krise ist das gesamte gesellschaftliche Wissen und Können gefragt. Wenn es Sinn macht, Krisen mit wissenschaftlichem Sachverstand zu begegnen, dann hätte es in der aufdämmernden Corona-Krise Sinn gemacht, das gesamte Spektrum der Wissenschaften – um sich nur einmal auf diese zu fokussieren – zu Rate zu ziehen. Es konnte also nicht genügen, die Virologie zu befragen, wichtig wäre gewesen, anderen Wissenschaften gleichfalls prominent Gehör zu schenken. Um hier nur einmal einige Wissenschaften zu nennen, die über pandemierelevantes Knowhow verfügen, so kommt bereits eine stattliche Liste zusammen: Die Humanmedizin, die über Krankheit, Gesundheit und Resistenzen aufklärt; die Medizinstatistik, die über die Aussagekraft der medizinischen Daten informiert; die Veterinärmedizin, die helfen könnte, die Brücke zwischen Tier und Mensch sichtbar zu machen; die Geschichtswissenschaft, die ihr großes Wissen über Pandemien und andere Menschheitskatastrophen ausbreitet; die Literaturwissenschaften und die Theologie, die über die Katastrophenerzählungen erzählen;[21] die Rechtswissenschaft, die die Bedeutung der Grundrechte in Zeiten ihrer Relativierung hervorhebt; die Politikwissenschaft, die einen Grundkurs über Gewaltenteilung hält oder die Wirtschaftswissenschaften, die über die weltweite Vernetzung der Ökonomien, die unterschiedlichen Gesundheitsökonomien und den Zusammenhang von Einkommen und Gesundheitsversorgung aufklärt und die Folgen von Lockdowns erklärt.

Bereits eine solche Wissensauswahl – bei der lediglich die Wissenschaften berücksichtigt wurden und der weite Reichtum der Künste unerwähnt blieb –, hätte viel Wissen zusammengebracht, welches in der Welt-Corona-Krise ungenutzt blieb. Dieser Verlust ist umso tragischer, als die Corona-Pandemie zum ersten Mal die Weltgesellschaft mit einem gemeinsamen dramatischen Ereignis konfrontierte, das anders als die schuldbehafteten Phänomene der Weltkriege oder der Weltumweltzerstörungen die Chance bot, die Weltgesellschaft friedvoll zu vereinen und sie mithin auch zu einer gemeinsamen Problemlösungssuche zu bringen. Stattdessen sahen sich die Menschen im Angesicht der Pandemie weltweit fast ausschließlich mit denselben virologischen Einschätzungen konfrontiert und diese wurden ihnen als einzig gültige Erklärungsinstanz präsentiert.

Durch diese Fokussierung auf eine hochspezialisierte Einzelwissenschaft, welche darüber hinaus aus einer Perspektive vermittelt wurde, geriet die Weltgesellschaft in einen Tunnelblick. Damit wurden zwei historische Chancen vertan. Im Allgemeinen verkümmerte so die Gesellschaft der Welt: Nachdem die Weltgesellschaft durch die Erkenntnis allgemeiner Vulnerabilität gerade erweckt worden war, erstarrte sie schon wieder in Schockstarre und fand sich in die Zuschauerposition zurückversetzt und in nationale Gemeinschaften aufgeteilt. Und im Besonderen sahen sich die vielen Menschen als große Masse wieder, deren Aufgabe sich darin erfüllte, die regierungsamtlich vermittelten virologischen Bulletins und die sich darauf gründenden Verhaltensmaßregeln zur Kenntnis zu nehmen. Damit brachte sich die Welt um ihr so reiches Potential: Neben dem verschenkten Potential der ungenutzt gebliebenen Wissenschaften hatte die Weltgesellschaft auch keine Gelegenheit ihren weiteren

Reichtum in Geltung zu bringen, wie er in der kulturellen Vielfalt und der Vielfalt der Lebensentwürfe besteht. Das „Social Distancing" in dem sich die Menschen nun zu üben begannen, zeigte so eine noch weitere und das Zusammenleben der Menschheit empfindlich störende Wirkung: Wo die Menschheit durch ein gemeinsames Schicksal vermeintlich vereint wurde, sah sie sich bald darauf auf Abstand gebracht. So wie die Grenzschließungen in Europa ein als überwunden geglaubtes Denken in nationalen Kategorien wiederbelebte, so wurde die Weltgesellschaft nun insgesamt und vielfach auf Distanz gebracht und auseinanderdividiert. Menschen erschienen mit einem Mal als potentielle Infektionsgefahr und Virenlast.

Was die Grenzschließungen sichtbar machten, zeigte sich auch an den Corona-Debatten: Homogenität war gefragt und Differenzen und Differenzierungen gerieten unter Gefährlichkeitsverdacht. Hier wirkte die regierungsamtliche Festlegung auf eine Kriegsrhetorik, die der Pandemieabwehrstrategie Schützenhilfe zu leisten hatte, nach. So wie noch kein Feldherr in der Abwehrschlacht glaubte, sich Widerrede leisten zu können, so erschien es auch opportun, sich auf möglichst *eine* Meinung abzustützen. Diese Opportunität ist der Dramatik der Stunde geschuldet und allein durch diese nachvollziehbar. Gerechtfertigt ist sie dadurch jedoch nicht. Gerade die zunehmend an Fahrt gewinnende Verunsicherung, welche mit den ersten Berichten über den sich ausbreitenden Virus die Welt ergriff, verstärkte die Suche nach *einer* Erklärung und die Hoffnung, die Gefahr mit einem Griff bändigen zu können. So sehr eine solche Vereinfachungssehnsucht nachvollziehbar ist, so sehr widerspricht sie doch der Realität komplexer Situationen. Der Wunsch nach einer monokausalen Erklärung und – damit zusammenhängend – einer ebensolchen Lösung der bedrohlichen Situation, führte nicht nur zum Verzicht auf den größten Teil des Weltwissens – und dies angesichts eines Weltproblems –, sondern beförderte damit auch den überragenden und kaum noch Diskursivität und Widerspruch duldenden Einfluss einer Wissenschaft bzw. Teilwissenschaft.

So hat sich während der Corona-Pandemie eine Entwicklung verstärkt, wie sie die modernen Staaten schon lange kennzeichnet und wie sie auch zu einer globalen Modernisierung der Politik geführt hat: der Zunahme des Einflusses von Experten. Diese verfügen, wie Vittorio Hösle in seiner Politischen Philosophie für das 21. Jahrhundert beschreibt, über ein zwar „präzises, aber sektorielles Wissen".[22] Weder dieses Wissen noch die Expertenmeinung ist problematisch, sondern seine exklusive Geltung macht das Problem aus. Allem Anschein nach hielten es die Politiker und deren Berater angesichts der sich abzeichnenden gesundheitlichen Bedrohung für opportun, sich auf die zentrale Wissenschaft, in diesem Falle die Virologie, zu beschränken, um schnell und effizient zu Ergebnissen zu gelangen. Dabei mag die Sorge Pate gestanden haben, andernfalls in eine ausufernde und zu keinem konkreten Ergebnis führende Debatte hineingezogen zu werden, welche jede Entscheidung nur erschwert oder sogar verunmöglicht hätte.

Eine solche Sorge, falls sie denn leitend gewesen ist, offenbart ein veraltetes Wissenschaftsverständnis und scheint eher der Militärtechnik entlehnt, welche lehrt, wie der Feind optimal zu schlagen ist. Militärische Vorstellungen bauen jedoch nicht nur Feindbilder auf, wo es – zu lösende – Probleme gibt und übersehen, dass Wissenschaft eine Kulturtechnik ist und als solche schreitet sie auch nicht in Offensiven voran, sondern im Austausch.[23] In ihrer Sorge, ihrer Verantwortung anders nicht gerecht zu werden, haben sich viele Politiker und ihre Beraterstäbe überhoben als sie ausgewählten Wissenschaftlern einer einzigen wissenschaftlichen Disziplin ein Beratungsmandat erteilten. Überhoben haben sich die Politiker dabei, weil sie sich dadurch selber zu Wissenschaftlern erklärten, die in der Lage wären zu beurteilen, welcher wissenschaftliche Sachverstand angesichts der Pandemie-Krise der relevante sei. Dies zu beurteilen ist aber weder die Aufgabe der Politik noch verfügen Politiker im Allgemeinen über die dazu nötige Kompetenz. Dieser Kompetenzmangel disqualifiziert die politischen Entscheidungsträger jedoch nicht, denn in einer hochkomplexen arbeitsteiligen Gesellschaft müssen sie nicht über entsprechende wissenschaftliche Kompetenz verfügen, zumal sich die Frage stellen würde, über welches Wissenschaftswissen die Politiker denn verfügen sollten. Sich universalgelehrte Politiker zu wünschen, wäre zweifach verfehlt: Es würde den Reichtum der modernen Wissenschaft verkennen und die Chancen, welche in der arbeitsteiligen Wissenschaft liegen, ungenutzt lassen.

In dem sich die Politik jedoch mit einem wissenschaftlichen Kronrat umgab, bürdete sie sich selbst eine Verantwortung auf, welche sie letztlich erdrücken musste. Denn so übernahm die Politik auch gleich noch die Aufgabe, ihre Experten gegen Kritik, welche doch das Geschäft von Gesellschaft und Wissenschaft ist, in Schutz zu nehmen, bis fast kaum noch Kritik zu hören war. Damit machten die politischen Akteure sich ihre Aufgabe, die in Krisen ja schwer genug ist, noch schwerer: Sie übernahmen nicht alleine Verantwortung für ihre Entscheidungen, was ja auch ihre nicht abzustreitende Aufgabe ist, sie übernahmen indirekt auch noch Verantwortung für die Aussagen der von ihnen bestallten Wissenschaftler. Und dies gleich zweifach: Durch die Auswahl der Rat gebenden Wissenschaftler und die regierungsamtliche Kommunikation dieses Rats, verlor die Politik vollends den Abstand zu ihren Beratern. Denn die Empfehlungen der Wissenschaft zu hinterfragen oder zu kritisieren fällt der Politik umso schwerer, je weniger plural ihre Beratungsbasis ist. Konkret: Stützt sich die Politik nur auf wenige Experten ab, gerät sie tendenziell in eine Beratungsfalle, da sie kaum noch über anerkanntes kritisches Potential verfügt, die Expertenmeinung zu kritisieren und entsprechend fast dazu verurteilt ist, die Beratung auch umzusetzen.

6. Von der Pandemie zum Ausnahme-Notstand

Die Umsetzung der Pandemie-Abwehrmaßnahmen, welche sich weitgehend auf den virologischen Rat bezogen und zu einem in neuerer Zeit beispiellosen gesellschaftlichen Lockdown sowie der Außerkraftsetzung von Grundrechten wie das der Versammlungsfreiheit und der Freiheit der Religionsausübung geführt hat, geriet zur Stunde der Exekutive. Auch Regierungen demokratischer Länder zogen dabei eine von den Parlamenten gar nicht mehr oder kaum noch kontrollierte Macht an sich.

Was in der Verfassungswirklichkeit demokratischer Staaten entweder gar nicht oder nur für eine Situation existentieller Bedrohung vorgesehen war, trat während der Corona-Pandemie ein: der Ausnahmezustand. Darunter wird „diejenige Lage eines Staates" verstanden, „in welcher er einer Gefährdung von außen durch einen feindlichen Angriff, von innen durch verfassungsfeindliche Kräfte oder durch Naturkatastrophen mit den normalen verfassungsmäßigen Mitteln nicht Herr werden kann."[24] Es gibt demnach drei Gründe, welche eine Ausnahme legitimieren: den Krieg, den Umsturzversuch oder die Naturkatastrophe und als Grundlagenbedingung die Abwesenheit anderer Möglichkeiten, dieser Bedrohung Herr zu werden als eben durch einen Ausnahmezustand.

Mit Blick auf den corona-bedingten Ausnahmezustand ist unbestritten, dass die Pandemie ein Naturereignis ist, also weder ein kriegerisches noch ein umstürzlerisches Ereignis. Dies wäre selbst dann der Fall, wenn der Corona-Virus, wie gelegentlich behauptet, ein Laborprodukt wäre. Selbst in dem Falle wäre die durch seine Verbreitung verursachte Pandemie ein Naturereignis. Unklar bleibt hingegen zweierlei: zum einen ob die Pandemie im Sinne obiger Beschreibung eine Katastrophe ist und zum anderen ob der Bedrohung nicht mit den normalen verfassungsmäßigen Mitteln angemessen begegnet werden konnte.

Nun gibt es keine allgemein verbindliche Definition von Katastrophe, aber allgemein werden darunter Untergangsszenarien verstanden, wobei nicht die Opferzahl die entscheidende Rolle spielt, sondern die Ausweglosigkeit der Situation, in welcher Menschen oder Kulturen unterzugehen drohen. Dass die Opferzahl dabei nicht entscheidend ist, zeigt sich daran, dass ein Busunglück ebenso als Katastrophe gelten kann, wie ein Flugzeugabsturz, ein Kernkraftwerksunfall oder ein Erdbeben. Als Charakteristikum einer Katastrophe scheint daher die Weise zu gelten, wie Menschenleben verloren gehen. Es ist, als würden sie in einen Schlund hineingerissen. Auf einmal, oder doch innerhalb sehr kurzer Zeit, sind die Leben ausgelöscht. Und mit den verloren gegangenen Leben geht häufig auch noch das unter, was diesen Leben den Rahmen gegeben hat, so wie in Pompeji oder Lissabon: Bei dem Vulkanausbruch und dem Erdbeben starben nicht nur sehr viele Menschen, sondern es gingen auch die Städte, welche diesen Menschen Halt und Orientierung geboten hatten, verloren. Dann ist die Katastrophe komplett.

Solche Ereignisse sind nichts Neues, sie begleiten die Geschichte der Menschheit. Neu scheint indes eine zunehmende Katastrophenhäufung. So haben selbst heutige junge Erwachsene als unmittelbar Betroffene oder als Zeitzeugen mindestens 20 Naturkatastrophen großen Ausmaßes erlebt: Von der extremen Hitze in Mitteleuropa und der SARS-Epidemie (beide 2003) über die Vogelgrippe und den Wirbelsturm Katrina (beide 2005) bis zu Erdbeben und vielen verheerenden Überschwemmungen und Stürmen in der jüngsten Gegenwart. Und da lagen die 1990er Jahre, die von den Vereinten Nationen zur „Dekade zur Reduzierung von Naturkatastrophen" ausgerufen worden waren, schon lange zurück, ohne dass das Ziel, „den Verlust an Menschenleben durch Naturkatastrophen" zu verringern, erkennbar erreicht worden wäre. So mutet die erklärte Absicht, das 21. Jahrhundert zu einer sichereren Welt zu machen,[25] aus heutiger Sicht als vollkommen verfehlt an. Der Wunsch der Vorsitzenden des UN-Disaster Reduction Programme aus dem Vorjahr klingt indes aus heutiger Sicht vielsagend, wenn sie wünscht: „Im Jahre 2020 möge jeder die Risikoreduktion zu seinem persönlichen Anliegen machen zum Wohle des Planeten und der Menschen."[26]

In der Corona-Pandemie stand die klassische Katastrophendrohung am Horizont: eine große Opferzahl und die Zerstörung des haltgebenden Rahmens. Als Letzteres kann die Gefährdung des Gesundheitssystems gelten, aber auch die damit verbundene Sorge um Triage-Situationen, welche den die Gesellschaft tragenden ethischen Konsens gefährdet hätten. Angesichts solcher Szenarien ist die Einstufung der Corona-Pandemie als Katastrophe nachvollziehbar.

Die Frage, ob die „normalen verfassungsmäßigen Mittel" zur Katastrophenabwehr nicht ausreichend gewesen seien, ist hingegen schwerer zu beantworten und gleicht der Frage: „Was wäre wenn?" Konkret muss man also fragen, ob die Verordnungen über Distanzwahrung, Verzicht auf Mobilität und Großveranstaltungen anders als auf dem strafbewährten Weg gesetzlicher Verbote und allein Mittels Appellen hätte erzielt werden können. Zweifel sind diesbezüglich angebracht: Warum hätte sich angesichts einer drohenden Gesundheitskatastrophe eine Mehrheit anders verhalten sollen als angesichts der drohenden Klimakatastrophe? Und so ist das Umweltverhalten der meisten Menschen von dem Widerspruch geprägt, dass sie um die schädlichen Folgen ihres Konsums wissen, ihren individuellen Anteil an der Beschädigung der Natur jedoch als vernachlässigbar klein einstufen und sich deshalb für ihren individuellen Vorteil entscheiden. Solche fatalen Priorisierungen sind nur schwer und wenn überhaupt nur langfristig zu durchbrechen. In Bezug auf die Pandemie muss man mithin bezweifeln, dass die Einschränkungen und Verhaltensverzichte, welche die Regierungen beschlossen hatten, auch ohne staatliche Verbote ähnlich schnell und wirksam umgesetzt worden wären. Und so scheint sich die frühe Prophezeiung von Ulrich Beck zu erfüllen, dass in der Moderne der „Ausnahmezustand zum Normalzustand" werde.[27] In der Corona-Krise sieht dies jedoch anders aus, als von Beck prognostiziert: Hatte der Soziologe noch Kernkraft- und andere Industrieunfälle vor Augen, von denen er glaubte, dass die Menschheit diese auf Grund ihrer häufigen Wiederkehr als bedrohlichen aber normalen Teil ihres Alltags werde sehen lernen, so geht es in der Corona-Krise um einen staatsrechtlichen Ausnahmezustand. Dass ein „Ausnahmezustand" oder „Notstand"[28] eine gravierende Störung der politischen und gesellschaftlichen Normalität darstellt, muss wohl kaum eigens erläutert werden. In seiner prägnanten Formulierung drückt dies Giorgio Agamben so aus: „Der Ausnahmezustand erweist sich (...) als eine Schwelle der Unbestimmtheit zwischen Demokratie und Absolutismus."[29] Es ist, in einer anderen Formulierung Agambens, dieses „Niemandsland zwischen Öffentlichem Recht und politischer Faktizität"[30], welches Angst machen kann. Und in diesem Niemandsland des *Ausnahme-*

Notstandes fanden sich von Mitte März bis zum Sommer 2020 viele Länder wieder.

Ob zutrifft, dass, wie Agamben behauptet, Ausnahme-Notstände immer eine *biopolitische* Dimension haben, muss an dieser Stelle nicht weiter erörtert werden; dass aber die corona-bedingten Ausnahme-Notstände eine biopolitische Bedeutung hatten, liegt auf der Hand. Im Mittelpunkt standen die Körper von Menschen: So ging es um Fragen nach dem Innenleben dieser Körper (vom Virus befallen oder nicht), um den aktuellen Kontakt zwischen Körpern (der zu unterbleiben hatte, weswegen Sicherheitsabstände zwischen Menschen festgelegt wurden), um den vorangegangen Kontakt und Aufenthalt (aus „sicherem" oder „gefährdetem" Gebiet kommend) oder die allgemeine Verfasstheit der Körper („Fieber"; „Risikogruppe").

Ein solches Interessenstableau findet sich auf Seiten des Staates normalerweise höchstens mit Bezug auf Einzelne, beispielsweise als Mitglied einer bestimmten Berufsgruppe. Dass der Staat ein solches Interesse mit Bezug auf die gesamte Bevölkerung hegt, das markiert die Ausnahme. Deren Brisanz zeigt sich dabei in zweierlei: dem nahezu das gesamte Leben jedes Einzelnen umfassenden Kontroll-Blick des Staates und der zum Zwecke der Gefahren- oder Notabwehr als *notwendig* erachteten Einschränkung von Grundrechten.

Für den Ausnahme-Notstand ist der Begriff der Not zentral, und zwar sowohl in legitimierender als auch in auslösender Hinsicht. Es kann passieren, dass beide Faktoren in der Praxis nicht klar unterscheidbar sind; dies ist beispielsweise bei einer Katastrophe apokalyptischen Ausmaßes der Fall: Der Handlungsdruck legitimiert dann zugleich die Handlung zur Gefahrenabwehr. Eine Verwischung von Legitimation und Auslöser eines Ausnahme-Notstandes kann jedoch auch vom Gesetzgeber bereits vorsorglich in Kauf genommen werden. So ermächtigt beispielsweise das Schweizerische Epidemie-Gesetz die Regierung, dann „die notwendigen Maßnahmen anzuordnen", wenn „es eine außerordentliche Lage erfordert."[31] Was genau unter einer „außerordentlichen Lage" zu verstehen ist, wird an dieser Stelle des Gesetzes nicht weiter ausgeführt. Im Gesetz finden sich dagegen Beschreibungen der – weniger dramatischen – „besonderen Lage". So wird festgelegt, dass eine „besondere Lage" vorliegt, wenn a) die Behörden „nicht in der Lage sind, den Ausbruch und die Verbreitung übertragbarer Krankheiten zu verhüten und zu bekämpfen" und b) „wenn die WHO festgestellt hat, dass eine gesundheitliche Notlage von internationaler Tragweite besteht und durch diese in der Schweiz eine Gefährdung der öffentlichen Gesundheit droht."[32]

Offenkundig ist die Bedingung a) nur schwach begründet und nicht wirklich überzeugend, da sie zu weit gefasst ist, da nach ihr beispielsweise jede Sommergrippe als „besondere Lage" zu qualifizieren wäre, da die Regierung ihre Verbreitung nicht verhindern kann. Die Bedingung b) formuliert dagegen mit der genannten WHO-Feststellung ein objektives Kriterium; der Zusatz, dass durch dieses Ereignis die öffentliche Gesundheit des Landes gefährdet sein müsse, räumt der Exekutive an dieser Stelle Interpretationsspielraum ein. Die Flexibilität, welche der Gesetzgeber den Vollzugsorganen gibt, verweist auf ein allgemeines Problem: „Notfall" beschreibt keine objektive Situation, was Not ist, ist Folge subjektiver Einschätzung. Man sieht, dass diese Uneindeutigkeit des „Not"-Begriffs Chance und Gefahr bedeutet und in Letzterem eine wichtige Mahnung vor dem Ausnahme-Notstand kennzeichnet. Die Mahner sehen demnach im Ausnahmezustand die Suspendierung von Grundrechten und im Sinne Immanuel Kants ein „Notrecht" als „Zwang ohne Recht".[33]

Wenn man nicht die Position vertritt, dass ein solches Zwangsrecht ein Widerspruch in sich ist, das sich von daher jeder Begründung versperrt und demgegenüber von der ausnahmsweisen Legitimität eines solchen Notrechts ausgeht, bleibt mit Blick auf die corona-bedingten Pandemie-Abwehrmaßnahmen zu klären, ob die dafür als notwendig erachteten Bedingungen gegeben waren. Wie man sieht, dreht man sich in diesem Falle weiterhin um den Begriff der Not und dies in zweifacher Hinsicht: Es bleibt zu klären, was ein Notfall ist und ob ein Notfall eine legitimierende Wirkung hat. Ob zur materiellen Feststellung einer Notfall-Situation die obige Umschreibung eines Ereignisses von apokalyptischem Ausmaß ausreicht, bleibt eine offene Frage, man kann sich jedenfalls ein Spektrum von Ereignissen vorstellen, das als Notfall gelten könnte. Aber auch hier ist ein Konsens keineswegs garantiert. So könnten beispielsweise manche einen immer wiederkehrenden sporadischen Stromausfall als katastrophales Ereignis qualifizieren, andere es lediglich als störend und ärgerlich taxieren und wiederum andere sogar als wünschenswert. Anders sah hingegen das Beurteilungsspektrum in Bezug auf die Corona-Pandemie aus: Während es über die Beurteilung des Ereignisses als solchem, die Verbreitung eines viralen Infekts mit tendenzieller Todesfolge, einen Konsens der Sorge gab, zeigte sich ein Dissens in der Beurteilung der Dramatik des Ereignisses und, damit zusammenhängend und sich daraus ergebend, in Bezug auf die nun angemessenen Reaktionen. Dem Dissens in der Beurteilung der Pandemie, der gesellschaftspolitisch zu heftigen Verwerfungen geführt hat, hätte es die Schärfe genommen, wenn man sich an Agambens Feststellung erinnert hätte, dass „noch kein Versuch, Not zu definieren, erfolgreich zu Ende geführt werden konnte."[34] Zumindest den Kritikern der Pandemieabwehrstrategie hätte man dann mit mehr Offenheit und Toleranz begegnen können. Umgekehrt hätte dies nicht in gleichem Maße zu Toleranz der Kritiker gegenüber den Verteidigern der Pandemieabwehrstrategie geführt, da diese sich durch die, aus ihrer Sicht unbegründeten Maßnahmen grundlos in ihren Bürgerrechten eingeschränkt gesehen haben. Und an dieser Stelle kommt die Frage nach der legitimierenden Kraft des Notfalls wieder auf die Tagesordnung und es zeigt sich, dass diese Frage wohl kaum überzeugend gelöst werden kann und letztlich „vom Standpunkt des Betrachters" abhängt.[35] Insofern scheint die Unversöhnlichkeit der widerstreitenden Positionen unaufhebbar.

So wie der Begriff der „Not" nicht befriedigend geklärt werden kann, so lässt sich auch über die Rechtfertigung des Ausnahme-Notstandes kein Konsens finden. Daher kann man diesen entweder grundsätzlich ablehnen oder ihn gutheißen, wobei eine Gutheißung immer nur eine relative und nie eine absolute sein kann. Denn einzig legitimer Sinn des Ausnahme-Notstandes – verfassungsrechtliche Perversionen im Sinne Carl Schmitts müssen hier nicht diskutiert werden – kann letztlich nur die Bewahrung und der Schutz von Grundrechten sein. Und deshalb kann ein Ausnahme-Notstand sich nur nach einer Abwägung von Kosten – im Sinne der Einschränkung von Grundrechten – und Nutzen – im Sinne der Bewahrung von Grundrechten – legitimieren. Die gebotene *Verhältnismäßigkeit* bedeutet mithin, dass die „vorgesehene Maßnahme (…) zum intendierten Zweck nicht außer Verhältnis stehen" darf.[36] Diese Selbstverständlichkeit markiert das Verhältnismäßigkeitsprinzip in seiner allgemeinen Form, wie sie auch in unspektakulären Alltagshandlungen anzutreffen sind bei denen die Akteure in der Regel über einen Sinn für Verhältnismäßigkeit und Angemessenheit ihrer Handlungen verfügen. Wenn es eher selten vorkommt, dass sich jemand in der Wahl der Mittel oder in der Wahl der Intensität des Mitteleinsatzes vergreift, so liegt dies daran, dass meist die Optionen und die Folgen einer Handlung überblickbar sind und eine entsprechende Abwägung nach einem Kosten-Nutzen-Kalkül relativ sicher zu treffen ist. So besteht weitgehend Konsens darüber, dass jemand sein Eigentum verteidigen und den Dieb in die Flucht schlagen, aber ihn nicht erschlagen darf. Der Sinn für die angemessene Mittelwahl ist auch deshalb relativ gut ausgeprägt, weil er in vielen Situationen geübt werden konnte.

Anders steht es um das Verhältnismäßigkeitsprinzip bei existentiellen Krisen. Zum einen fehlt hierzu – glücklicherweise – ein großes Erfahrungswissen und zum anderen geraten hier wie im Zusammenhang von „Corona" mindestens zwei Grundrechte zueinander in einen tragischen Konflikt: So entsteht beispielsweise der Konflikt zwischen Grundrechten, die suspendiert oder eingeschränkt werden sollen (beispielsweise das der Versammlungsfreiheit) und Grundrechten, die gestärkt werden sollen, wie das Recht auf Gesundheitsschutz (welches durch große Menschenansammlungen gefährdet werden könnte).

In existentiellen Krisen zeigt sich auch, dass das Verhältnismäßigkeitsprinzip dadurch herausgefordert ist, dass die gefährdeten Rechtsgüter von besonderem *„Gewicht"* sind.[37] Mit dem Hinweis auf das Gewicht der Rechtsgüter erhöht sich sowohl der Sensibilitätsbedarf für das, das auf dem Spiel steht als auch die Notwendigkeit der Gewichtung von Rechtsgütern. Dass die Frage, was *wie viel* und was *mehr* wiegt, kaum befriedigend zu beantworten ist, führt zu der

Unschärfe, welche der Verhältnismäßigkeitsprüfung eigen ist. Dass ausgerechnet hier Unschärfe herrscht, markiert die Tragik jeden Versuchs, eine existentielle Krise aufzulösen und erklärt auch, die kontroverse Einschätzung von Ausnahme-Notständen. Was die Auflösung dieses Konflikts und die Abwägung individueller Freiheitsrechte gegen kollektive Interessen – in der Corona-Krise beispielsweise die Einschränkung der Bewegungsfreiheit versus dem Erhalt des Gesundheitssystems – erschwert bis verunmöglicht, ist des Weiteren der Tatsache geschuldet, dass die Einschränkung von Grundrechen konkret, die damit bezweckte Gefahrenabwehr jedoch nur prognostisch der Fall ist. Zusätzliche Begründungsunsicherheit ergibt sich dadurch, dass, wenn das Ziel der Gefahrenabwehr erreicht ist, ein Kausalzusammenhang zu den Grundrechteinschränkungen nur schwer zu erbringen ist. Die Frage, ob sich das Ganze denn gelohnt habe, steht dann unbeantwortet im Raume, was zusätzlich dem gesellschaftlichen Frieden nicht förderlich ist. Von dem fehlenden Ursachennachweis abgesehen, ist das Verhältnismäßigkeitsprinzip indes nicht über jeden Zweifel erhaben, was sich daran zeigt, dass andernfalls mit diesem Prinzip *alles* zulässig wäre.[38]

Mit Blick auf die Corona-Krise würde dies bedeuten, dass ein unbegrenzt andauernder Lockdown die Gefahren durch die Pandemie zwar wirksam eingeschränkt, aber zugleich eine massive Beschädigung des gesellschaftlichen und politischen Lebens in Kauf genommen hätte. In diesem Sinne würde eine unbegrenzte Aufhebung (Suspension) oder Einschränkung von Grundrechten dem Wesen des diese Grundrechte garantierenden Verfassungsrahmens zuwiderlaufen.[39] Denn der Wesenskern der Grundrechte kann durch eine zu starke Fokussierung auf das Verhältnismäßigkeitsprinzip relativiert und damit tendenziell ausgehebelt werden.[40]

Angesichts solcher Gefahren steht das den Ausnahme-Notstand herbeiführende Verhältnismäßigkeitsprinzip vor einer hohen Hürde. Ob die durch den Corona-Virus befürchteten Gefahren den Ausnahme-Notstand gerechtfertigt haben, ist aus mehreren Gründen schwer zu beantworten. Zum einen beruhten die Gefahrenszenarien auf prognostischen Annahmen, welche mit hoher Unsicherheit bezüglich der Eintrittswahrscheinlichkeit verbunden waren und zum anderen hatte der Ausnahme-Notstand weitere, mit dem unmittelbaren Gefahrenabwehrziel nicht verbundene negative Effekte zur Folge. Lassen wir diese zunächst einmal außen vor – gemeint ist unter anderem der Effekt für die armen Länder, der weiter unten diskutiert werden wird – und fragen, wie die Pandemieabwehrmaßnahmen für sich betrachtet zu beurteilen sind. Dann sieht man, dass die Unsicherheit der Gefahreneinschätzung der beabsichtigten Gefahrenabwehr nicht notwendigerweise die Legitimation entzieht. Denn was die Unsicherheit der Legitimation an Begründung entzieht, kann durch die, gleichfalls unsichere, Größe des Schadens ausgeglichen werden. In den Worten von Hans Jonas bedeutet dies, dass „in Dingen dieser kapitalen Eventualitäten der Drohung größeres Gewicht" zu geben ist.[41]

Es bedeutete indes Jonas falsch zu verstehen, wenn man diese Feststellung pauschalisieren und sich nicht die Mühe der Kontextualisierung machen würde. Verantwortungsbeziehungen stehen, wie Handlungen allgemein, immer im Kontext von weiteren Lebensvollzügen und anderen Handlungsbereichen. Wer sich um die Einbettung seiner Handlung in den Rahmen weiterer Handlungsbezüge nicht schert, kann entgegen seinem selbstgesteckten Ziel, unverantwortlich handeln. Der Ausnahme-Notstand ist dafür ein sprechendes Beispiel. Was aus verantwortungsethischer Sicht eine Einschränkung der Grundrechte rechtfertigen mag, kann sich bei vollständiger Betrachtung der berührten Lebensbereiche als unverantwortlich erweisen. So hat der Lockdown die Infektionszahlen heruntergebracht, zugleich und damit verbunden aber andere Gefahren (von psychischem Leid in Folge von Vereinsamung oder Arbeitslosigkeit) und anderes Leid (wie den Welthunger in Folge des Nachfrageeinbruchs der Weltwirtschaft) erhöht. Diese Entwicklung entbehrt deshalb nicht der Ironie, weil der Ausnahme-Notstand auf diese Weise Bedingungen schuf, welche einen Ausnahme-Notstand rechtfertigen könnten.

7. Die Ausnahme-Ethik

Mit der Fokussierung auf eine Gefahrendrohung kapitalen Ausmaßes scheint die Basis einer Ausnahme-Ethik gelegt: Der Staat hat in diesem Sinne Grundrechte eingeschränkt und Prinzipien der personalen Lebensgestaltung und Lebensführung der kollektiven Gefahrenabwehr untergeordnet. So scheint der an die politische Theorie angelehnte Begriff des Ausnahme-Notstandes auch die Rede von einer *Ausnahme-Ethik* zu begründen. Eine solche Rede hat durchaus Tradition; sie taucht ironischerweise regelmäßig dann auf, wenn eine wissenschaftlich begründete Handlungstheorie besonders gefragt ist. Die Ironie an der Sache: Eine Ausnahme-Ethik ist gar keine Ethik und stellt, die Analogie zum Ausnahme-Notstand in der Politik ist kein Zufall, eine Suspendierung der Ethik dar.

Bedrückendes Beispiel aus jüngster Zeit sind die Anti-Terrormaßnahmen der USA, die gleich mit zwei Ausnahmen aufwarteten: Zum einen dem Totalverrechnungsgebot und zum anderen der Legitimation von „Kollateral-Schäden". Während Ersteres sich immerhin noch um Anklänge an ein philosophisches Konzept – das des Utilitarismus – bemüht, spielen solche Bemäntelungen bei Zweiterem gar keine Rolle mehr. Denn Begleitschäden sind, wenn sie gerechtfertigt sein sollen, ursprünglich eng umschrieben: Wenn bei einer Rettungsaktion ein, die Rettung unvermeidlich begleitender schädlicher Effekt eintritt, dessen Ausmaß jedoch kleiner ist als der durch die Rettung erzielte Effekt, dann ist dieser Schaden gerechtfertigt. Wasserschäden, welche die Feuerwehr durch ihre Löscharbeiten produziert, sind demnach deshalb hinnehmbar und erlaubt, weil ohne diese, die Feuerwehr ihre rettende Arbeit nicht machen könnte. Diese Schäden sind zum anderen aber auch deshalb hinnehmbar und erlaubt, weil es sich um relative Schäden handelt, Schäden also, die finanziell wieder ausgeglichen werden können. Der Begriff des Kollateral-Schadens beschreibt – bzw. verbrämt in euphemistischer Rede – hingegen die Verletzung oder Tötung von Menschen. Deshalb ist diese Redeweise unangemessen. In diesem Zusammenhang wurde der Vorschlag gemacht, statt von „Kollateral-Schaden" von „Kollateral-Opfer"[42] zu reden. Aber auch dies wird der Sache nicht gerecht: Die Opferung von Menschen zur Erreichung eines guten Zwecks ist nämlich, wie die Debatte um das deutsche Luftfahrtsicherungsgesetz, welches den Abschuss eines nach dem Vorbild von *Nine-Eleven* entführten Flugzeuges zu legitimieren beabsichtigte, gezeigt hat, nicht zu rechtfertigen.[43] Die Redewendung „der Zweck heiligt nicht die Mittel", beschreibt damit sowohl eine bewährte alltagsmoralische Orientierung als auch einen ethischen Grundsatz.

Bereits Thomas von Aquin beschäftigte die Frage, ob und inwieweit Ausnahmesituationen ethisch gerechtfertigt werden können und überzeugte mit dem *Prinzip der Doppelten Wirkung*. Demnach gebietet der Grundsatz, dass der Zweck nicht die Mittel heiligen kann, dass eine gute Wirkung nicht Folge einer schlechten Wirkung sein darf.[44] Daher könnte auch die Bezeichnung des Kollateral-Opfers entgegen der Intention ihrer Autoren einen Euphemismus darstellen, ließe sich dieser Begriff doch dahingehend verstehen, dass sich hier ein Mensch geopfert habe. In den konkreten Situationen, welche als Fälle mit Begleitschäden beschrieben werden, kann davon jedoch keine Rede sein: Die betroffenen Menschen opfern sich nicht, sondern sie werden schlicht getötet. Die Rede vom Kollateral-Schaden ist mithin allein auf der beschreibenden, nicht jedoch auf der normativen Ebene gerechtfertigt. Normativ sind Kollateral-Schäden, wenn darunter die Verletzung und Tötung von Menschen verstanden wird, nicht zu rechtfertigen.

Gleichwohl ist auch bei Rettungsaktionen, die in der Sache gerechtfertigt scheinen, häufig eine Schädigung Unbeteiligter nicht zu vermeiden. Dies stellt eine *Katastrophenvermeidungsstrategie* vor hohe Ansprüche. Das Katastrophen-Management wird dabei zusätzlich herausgefordert, da es ein Handeln unter Unsicherheit ist, was bedeutet, dass die Eintrittswahrscheinlichkeit der Katastrophe ungewiss ist. Die naheliegende Strategie, der Eintrittswahrscheinlichkeit eine umso geringere Bedeutung beizumessen, je größer die Katastrophe ist, klingt nur auf den ersten Blick zwingend. Das hier grundlegende Prinzip wird im Katastrophen-Management als *Maximin-Prinzip* bezeichnet und meint, dass Maßnahmen dann als legitim betrachtet werden, wenn sie zwar belastend sind, jedoch weit weniger belastend als es die Situation wäre, die durch diese Maßnahmen gerade vermieden werden soll.[45]

Eine solche Rechnung geht jedoch aus mindestens drei Gründen nicht notwendigerweise auf. Da ist zum einen die Differenz zwischen Potentialität und Wirklichkeit: Die negativen Effekte der angeordneten Maßnahmen wirken sich konkret aus, ohne dass diese zwingend dem positiven Effekt der Vermeidung der Katastrophe gegengerechnet werden können, da deren Eintritt ja nur prognostiziert werden kann und idealerweise gar nicht eintritt. Ein weiterer Grund, welcher das Maximin-Prinzip fraglich macht, liegt in der Nicht-Identität zwischen denjenigen, die durch eine Katastrophenvermeidungsstrategie negativ betroffen werden und jenen, die durch das Ausbleiben der Katastrophe begünstigt werden. Eine solche Nicht-Identität zeigte sich beispielsweise in der Corona-Abwehrstrategie darin, dass mit den Folgen des Lockdowns besonders die jüngere Generation belastet wurde, um die ältere Generation zu schützen. Und drittens können Mittel zur Abwehr der einen Katastrophe beim Kampf gegen andere Katastrophen, noch dazu solchen höherer Eintrittswahrscheinlichkeit, fehlen. Man sieht, der Eintrittswahrscheinlichkeit kommt eine entscheidende Bedeutung zu. Wenn man diese vernachlässigt und sich allein durch die Gefahrendrohung zum Handeln treiben lässt, dann könnte man in eine totale Handlungsblockade geraten, da man vor lauter Katastrophenvermeidungsaktivismus am Vollzug des normalen Lebens gehindert würde. Denn sehr viele, wenn nicht alle Lebensaktivitäten können katastrophal enden. Fast egal, was man sich vornimmt, es kann ganz schlimm ausgehen: Die Brücke, über die man fährt, stürzt ein, der Zug entgleist, die Speise verursacht Übergewicht und das Getränk macht süchtig und die Zigarette macht krank. Obwohl niemand bezweifelt, dass es diese negativen Effekte geben kann, leben die meisten Menschen ihr Leben ungeachtet dieser Gefahren weiter als bestünden sie nicht. Und die Staaten, welche beispielsweise den entsprechenden Konsum nicht verbieten wollen, fühlen sich dennoch in der Verantwortung, ihre Bürger auf die damit verbundenen Gefahren aufmerksam zu machen. Dies gilt zumindest ausnahmsweise bei einigen Konsumationsgütern, welche staatlicherseits mit Warnhinweisen versehen sind.

Auf der Begründungsebene sind solche Warnungen deshalb schwer nachvollziehbar, weil sie recht selektiv daherkommen: Der Hinweis auf die Gefahr von Lungenkrebs soll einem die Lust auf die Zigarette nehmen, die Lust am Autofahren oder Fliegen wird hingegen staatlicherseits durch keine

Schockbilder, wie sie die Berichterstattung über den Klimawandel zu Genüge liefert, geschmälert. Das ist zumindest inkonsistent. Der verantwortungsvolle Staat folgt hier offenbar einer *Partialverantwortung* und handelt sich damit ein Verantwortungsproblem der besonderen Art ein: Je mehr der Staat auch in relativ unspektakuläre Lebensvollzüge wie Essen und Trinken mit verantwortungsethischem Pathos reglementierend eingreift, umso mehr erweckt er den Eindruck, dass die anderen (noch) nicht reglementierten Bereiche verantwortungsneutral seien. Konkret: Wer von morgens bis abends vorgeschrieben bekommt, was er nicht tun darf, weil er damit Fremd- und Eigeninteressen gefährdet, der kann sich schnell auf den Standpunkt stellen, dass dann immerhin alles andere unproblematisch sei. Rauchen, trinken und zu viel essen schädigt also, wie entsprechende Warnungen des Staates erklären, nicht nur die eigene Gesundheit, sondern belastet auch die Gemeinschaft, welche für die so entstandene Schäden geradestehen muss. Nimmt man staatliche Warnhinweise als Kriterium, dann ist demgegenüber der Interkontinentalflug in die großen Ferien oder das Städteshopping am Wochenende als verantwortungsethisch neutral anzusehen: Der Staat gibt ja hier weder entsprechende Warnungen noch reguliert er das Marktgeschehen so, dass diese Reisen finanziell unattraktiv werden.

Man sieht: je mehr der Staat seine Verantwortung ausdehnt, umso mehr Verantwortung übernimmt er auch gegenüber demjenigen, zu dem er sich verantwortungsethisch neutral verhält. Da der Staat sich in der technologischen Zivilisation viel stärker verantwortungsethisch positionieren muss als in einer Zivilisation, in der die Handlungsreichweiten viel kürzer sind, geraten die modernen Staaten daher nicht nur in die Gefahr des beschriebenen Verantwortungsparadox, sie laufen auch Gefahr, ethische Verwirrung zu stiften. Diese kann sich dadurch weiter vergrößern, dass der Staat unter den öffentlichen Erwartungen zum Getriebenen wird. Wie der Katastrophen- und Krisenforscher François Walter mutmaßt,[46] sieht sich die Politik heute häufig den medial geschürten Handlungserwartungen ausgesetzt, welche den Handlungsdruck so stark erhöhen kann, dass sie sich keine Zeit für die in fast allen Situationen des Katastrophenmanagements nötige Verhältnismäßigkeitsprüfung und Kosten-Nutzen-Analyse mehr nimmt. Man könnte es auch als „Gesetz der Angst" bezeichnen, dass angesichts des „schlimmstmöglichen Falls" die Eintrittswahrscheinlichkeit vernachlässigt wird.[47] Dieser dem Gesetz der Angst folgende Effekt kommt umso mehr zum Tragen als sich die Medien an der Ausmalung des Schlimmstmöglichen beteiligen. Ist der *Fall* nur groß genug, kann dann die Opferung selbst hoher Güter, wie die der Grundrechte, als durchaus sinnvoll erscheinen, wenn dies das katastrophale Ereignis abzuwenden hilft.

In der Corona-Krise könnte die Politik die mediale Erwartung durch ihre dramatischen Presse-Briefings selbst noch geschürt haben mit dem Effekt, dass sie vor der selbst losgetretenen Lawine von Katastrophenszenarien mit Aktionismus davonzurennen versuchte. Ob dies der Fall war, und ob die Darstellungen der Gefahrenlage übertrieben und mithin unangemessen waren, kann indes zum jetzigen Zeitpunkt nicht beurteilt werden und bleibt einer späteren Prüfung vorbehalten. Auf jeden Fall ist nicht auszuschließen, dass in einer Situation prognostizierten dringenden Handlungsbedarfs, die nötige Sorgfalt auf der Strecke bleibt und vor lauter Verantwortungspathos die *Handlungsfolgen-Folgen* aus dem Blick geraten. Auch hier wiederum wirkt das Gesetz der

Angst: Je mehr Angst im Raum ist, umso lauter wird das Echo der Angst. Dies wiederum führt dazu, dass die Regierung in ihrer Katastrophenbekämpfungsstrategie von der Welle der Angst, welche erst durch die regierungsamtlichen Verlautbarungen entstanden ist, getragen wird und umso mehr Unterstützung erfährt, je größer die Angst ist und umso weniger konkurrierende Ängste – beispielsweise vor den weiteren Folgen dieser Strategie – wahrgenommen werden. In einer solchen Lage bleibt einer Regierung nur noch die Vorwärtsstrategie und der zunehmende Erfolg, der der Exekutive zuwächst, untergräbt paradoxerweise zugleich ihren Entscheidungs- und Handlungsspielraum. Da demokratische Regierungen ihre eigene Erfolgsmessung an den permanent erfolgenden Meinungsumfragen ausrichten, kann ihnen der zunehmende Verlust an autonomer Gestaltungsmacht lange verborgen bleiben. Die signalisierte Zustimmung gilt schließlich als Beleg, auf dem richtigen Weg zu sein.

So kann dann auch übersehen werden, dass das Vorsorgeprinzip selbst bei guten Absichten nicht über jeden Zweifel erhaben ist und sowohl hinsichtlich der zum Einsatz kommenden Mittel als auch der Fernsten-Folgen kritisch betrachtet werden muss. Wo dies unterbleibt, kippt das verantwortungsethisch motivierte Prinzip der Vorsorge in Fahrlässigkeit, wenn nicht sogar in Unverantwortlichkeit.

Betrachten wir die Pandemie-Abwehrstrategie unter diesem Blickwinkel: Diese war von der guten Absicht getragen, unmittelbar und mittelbar durch den Virus bedrohte Menschen zu schützen, und als Hauptmittel dieser Strategie diente der Lockdown. Dieses Mittel war, soweit sich hier verlässliche Aussagen machen lassen, zielführend. Die Erreichung des Ziels – die Senkung der Infektionszahlen, die Vermeidung eines Zusammenbruchs des Gesundheitssystems und der Triage –, generierte jedoch zahlreiche negative Nebenfolgen. Zu diesen Lockdown-Nebenfolgen zählen unter anderem psychische Probleme durch Vereinsamung, spirituelle Verarmung durch abgesagte religiöse Veranstaltungen, intellektuelle Verluste durch ausgefallene kulturelle Veranstaltungen, Einbußen an Freizeitvergnügen durch die Absage von Kultur- und Sportveranstaltungen, sowie die wirtschaftlichen Schäden, hinzu kommen Jobverluste und eine erhöhte Verschuldung der Staaten. Letzteres könnte die Staatsbudgets über Jahrzehnte belasten und damit die Nach-Corona-Generationen mit Steuererhöhungen oder deutlich zurückgefahrenen staatlichen Leistungen konfrontieren. Zu den Lockdown-Nebenfolgen zählen auch die gesellschaftliche und politische Verunsicherung wie sie fast zwangsläufig für einen Ausnahme-Notstand ist. Für all diese Effekte tragen die politischen Akteure Verantwortung.[48] Dennoch gewann man in der intensiven Phase der Corona-Abwehrstrategie bisweilen den Eindruck, dass die Entscheidungsträger in ihrer Sorge um die viralen Schäden sich der Folgenweite ihrer Entscheidungen nicht bewusst waren.

Zu den gravierendsten Folgen der Corona-Abwehrstrategie und des Lockdowns in den reichen Ländern gehören die wirtschaftlichen Verwerfungen in den armen Ländern. So hat der Lockdown nicht nur die globale Vernetzung der nationalen Ökonomien deutlich gemacht, sondern auch gezeigt, dass die Volkswirtschaften, die am erfolgreichsten sind, auch global besonders stark verflochten sind. Die globale Verflechtung der Globalisierungsprofiteure markiert auch deren Verantwortungsweite. Dieser kann sich kein Staat unter Berufung auf seine nationale Souveränität entziehen. So hat der Lockdown in den reichsten Industriestaaten unter anderem international zu einem Verfall der Rohstoffpreise geführt.

Dies, sowie die ausgesprochenen Reisewarnungen, wird viele arme, vom Rohstoffabbau und Tourismus abhängige, Länder in eine tiefe Rezession mit stark steigender Arbeitslosigkeit führen und weltweit die extreme Armut erhöhen.[49] Für die ärmsten Länder besteht die größte Bedrohung durch „Corona" daher nicht in der Ansteckung durch Covid-19, sondern in den Folgen der Corona-Abwehrstrategie der reichen Länder. Nun ist deren Recht zum Gesundheitsschutz der eigenen Bevölkerung unbestritten, jedoch dürfen dabei die Folgen dieser Maßnahmen nicht außer Acht gelassen werden. So wenig wie sich die stark global verflochtenen reichen Staaten unter Bezug auf ihre Souveränität ihrer Folgenverantwortung entziehen können, so wenig können sie dies unter Verweis auf die Komplexität von Handlungsketten tun. In einer modernen aufgeklärten Gesellschaft, in der viele Bürger und mit ihnen auch viele Staaten von den Unternehmen Verantwortung gegenüber der Weite ihrer Handlungen fordern, in einer solchen Gesellschaft können die Staaten nicht behaupten, die Folgen-Folgen ihrer Handlungen nicht zu kennen und entsprechend dafür keine Verantwortung zu tragen. Das moderne Regierungshandeln wird auf staatlicher Ebene daher seiner Verantwortung nur dann gerecht, wenn es sich nicht auf einen isolierten Handlungsbereich beschränkt, sondern auch immer den Kontext anerkennt und verantwortungsethisch reflektiert. Das bedeutet mit anderen Worten, die Anerkennung der Tatsache, dass „Verantwortung ein Korrelat der Macht" ist.[50] Wer über Macht verfügt, steht daher immer auch in der ihr korrelierenden Verantwortung und kann sich dieser nicht unter Verweis auf eine vermeintliche Nichtzuständigkeit entziehen. Dass dies gleichwohl häufig geschieht und auch in der Corona-Krise zu beobachten war, ist deshalb überraschend, weil, zumindest auf der Begründungsebene, ein Bewusstsein für Folgen-Folgen-Verantwortung durchaus vorhanden ist, wie die Debatten um die Umweltverantwortung belegen. Die Ausweitung der Verantwortung auf der Ebene der Zeit, wie dies in der Nachhaltigkeitsdiskussion der Fall ist, gehört mittlerweile zum Selbstverständnis von modernen Staaten und ihren Bürgern. Dass demgegenüber eine Ausweitung der Verantwortung im Raum häufig übersehen wird, stellt eine Merkwürdigkeit in der modernen Verantwortungspraxis dar. Diese erscheint umso größer, wenn man bedenkt, dass die temporale Fernsten-Ethik deutlich komplexer ist als die räumliche Fernsten-Ethik. Für beide Dimensionen einer Ethik für Abwesende lässt dies nichts Gutes erwarten und vermuten, dass beide nicht wirklich gewollt sind: Die temporal Fernen werden großzügig als Adressaten einer Ethik der Zukunft anerkannt, welche, weil sie in der Zukunft liegt, sich jedoch (noch) kaum wirklich bewähren muss und die räumlich Fernen haben kaum eine Chance gegenüber einer Nächsten-Ethik, welche das Agenda-Setting bestimmt und die Anderen auf die Plätze verweist.

Dass eine Ausnahme-Notstands-Politik zu einer Ausnahme-Ethik führt, ist nicht weiter verwunderlich, liefert diese doch die Handlungsnorm im Rahmen einer Politik, die sich exzeptionelle Vollmachten zubilligt. Ganz ähnlich verfährt auch die Ausnahme-Ethik, welche den Ansatz der Nächsten-Ethik etabliert und damit langfristige Orientierungen aufgibt.

Dass die Ethik in den Zeiten der Corona-Pandemie eine solche Nächsten-Ethik ist, wird nicht etwa durch die Tatsache widerlegt, dass sich nahezu alle Staaten ihrer bedienten. Gerade deshalb war der Rückfall in Grenzkontrollen und nationale Befindlichkeiten bis hin zu nationalistischen Ressentiments in den Zeiten der Pandemie so ausgeprägt. Die Ausnahme-Ethik machte sich dermaßen zur Erfüllungsgehilfin der Ausnahme-Notstands-Politik. Da eine Ausnahme-Ethik aber eine Ausnahme von der Ethik ist, macht sie niemandem etwas vor. Statt um eine Ethik handelt es sich bei der Ausnahme-Ethik um eine Moral. Passend zur räumlichen Re-Dimensionierung der Politik im Ausnahme-Notstand entwickelt sich eine eigenartige Moral, die sich an einem *Wir* orientiert, wobei dies kein universalistisches Menschheits-Wir sein will, sondern das Wir unserer jeweiligen Herde. Deshalb erlangte der Begriff der *Herdenimmunität* auch eine über seinen epidemiologischen Ursprung hinausgehende Bedeutung und lag als Subtext einem identitätspolitischen Projekt zu Grunde, das die Reihen zu schließen und die Kritiker zu maßregeln erlaubte.

8. Die Ausnahme-Gesellschaft

Im Zeichen des Virus hat sich das öffentliche Leben verändert. Der Lockdown des kulturellen und wirtschaftlichen Lebens, die Schließung der Grenzen, die Abstandsregeln und die verordnete Heimarbeit haben die Menschen auseinandergebracht. Daran ändert auch die Vielzahl *virtueller Begegnungen* nichts. Im Gegenteil verschleiert die computergestützte und auf Dauer gestellte Kommunikation die Vereinzelung der Menschen und beschleunigt die, im Zeichen der Digitalisierung bereits begonnene, Fragmentierung der Gesellschaft hin zu ihrer Diffusion. Ein solches Urteil ist dann nicht übertrieben, wenn man sich die Maßnahmen der Pandemie einmal auf Dauer gestellt denkt. Das, was bislang als Gesellschaft galt, wird, wenn Menschen ihr gemeinsames Leben entweder in räumlicher Distanz (social distancing) oder gleich virtuell simuliert leben, zu einem *Monaden-Universum* und die Gesellschaft wird zu einer *virtuellen Gesellschaft* und hört damit auf zu sein.

Die während des Lockdowns vermehrt aufgetretenen psychischen Probleme vieler Menschen können demnach auch als Vereinsamungserscheinungen der besonderen Art gedeutet werden, nämlich der Trauer um die existentielle Abwesenheit von dem, dessen Menschen zu ihrer Ganzheit bedürfen: der Anderen. In dem Sinne bestätigt sich Aristoteles Verständnis des Menschen als *zoon politikon*[51] Zugleich gilt aber auch, dass wir der Privatheit bedürfen.[52] Das bedeutet, dass sowohl beide Bereiche bewahrt werden müssen und dass sie einander nicht überlagern dürfen. Während der Pandemie war jedoch bezüglich Privatheit und Öffentlichkeit ein merkwürdiger Prozess zu beobachten: In dem Maße, in dem die Gesellschaft und mit ihr das Politische verschwand, wurde das Private zum Gegenstand öffentlichen Interesses und damit zum Politischen erklärt. So war es eben nicht länger Privatsache, sich draußen aufzuhalten und wenn man seine Zeit nicht alleine zu Hause verbringen wollte, machte es einen Unterschied mit wem man auf der Wiese im Park zusammensaß (mit Menschen aus dem eigenen Hausstand: erlaubt; mit „Fremden": verboten). Ebenso war es nach Aufhebung des Lockdowns von öffentlichem Interesse, in einem Café Name, vollständige Adresse und Telefonnummer zu hinterlegen. Zu dem neuen Verhalten, für das die, die Politik beratenden PR-Agenturen den Begriff der „neuen Normalität" erfunden haben, gehört auch die gesundheitliche Selbstdeklaration: Wer sich unwohl fühlt, wer Symptome, beispielsweise Temperatur an sich feststellt, hat sich in Quarantäne zu begeben und damit seinen Körper aus dem Verkehr zu ziehen. Da ein solches Verhalten vom Ausnahme-Notstand verordnet wird, wird es auch polizeirechtlich flankiert und bei Zuwiderhandlung mit Ordnungsbußen belegt. Zwar in der Sache, nicht jedoch im Mittel, ist diese Form der Disziplinierung für Menschen in den modernen Gesellschaften neu, denn die Regelung des Lebens auf dem Verordnungswege zeichnet ja gerade das Leben in der Moderne aus. Neu, zumindest für moderne Gesellschaften, ist dagegen ein neues Verständnis des Anderen: In den Zeiten der Pandemie gilt er als *Gefahr*. Die Gefährdung durch den Anderen ist auf den ersten Blick weniger drastisch als die Gefahr, welche Hobbes im Anderen gesehen hatte: Denn, wenn der Mensch dem Menschen ein Wolf ist, dann sollte man sich vor ihm in Acht nehmen oder ihn gleich bekämpfen. Anders sieht die Sache aus, wenn der Andere nicht kraft seiner Aggression, also seiner psychischen Disposition, gefährlich ist, sondern kraft seiner physischen Verfasstheit, weil er den viralen Infekt in sich trägt. Für den ersten Fall gibt es noch eine rettende Alternative zur aggressiven Gegenwehr: das Gespräch. So kann man mit dem boshaft Gefährlichen über eine Lösung verhandeln und sogar gemeinsame Interessen – als stärkstes das des gemeinsamen Überlebens – ausfindig machen und darauf eine Kooperation bauen. Ganz anders sieht die Situation aus, wenn der Andere nicht auf Grund seiner bedrohlichen Absicht gefährlich ist, sondern auf Grund seiner Physis. Wenn Worte helfen sollten, dann wäre es letztlich nur eines, der Appell des „Weg!" Dies hat Auswirkungen für das Verständnis sowohl seiner selbst als auch der Anderen und beides wird das moralische Verhalten bestimmen.

Im Pandemie-Narrativ lernen Menschen anzuerkennen, dass die Gefahr nicht in fehlgeleiteten Absichten, sondern in fehlgeleiteten Viren besteht und deshalb dasjenige, das in der modernen Gesellschaft als Problemlösungsinstanz entwickelt wurde, das aufgeklärte Gespräch, hier versagt. In der Pandemie wird die Überzeugung, dass man über alles reden und fast jeden Konflikt diskursiv lösen kann, widerlegt. Vor den Viren kann man nur verstummen. Aber etwas tun kann man doch, wie die Kenner der Materie wissen und lehren, nämlich Abstand wahren. Je mehr sich dabei die Sicht verbreitet, dass man selbst der Herd der Gefahr ist, umso mehr richtet sich das Abstandsgebot gegen einen selbst: Für den verantwortungsvollen und virologisch aufgeklärten Zeitgenossen bedeutet das Abstandsgebot, *sich* in Abstand zu bringen, um die Gefahr, die man selber ist, nicht überspringen zu lassen auf den Anderen. Das Handgeben wird dann aus Sorge um die Anderen vermieden: Wenn das „Ich darf nicht berühren des Anderen Hand" zur ersten Sorge wird, erscheint die

Auflösung der Gesellschaft geradezu als begrüßenswert. Denn je weniger Andere da sind, umso weniger kann ich mich schuldig an ihrer Krankheit machen.

Da aber Menschen auf Dauer nicht gerne allein sind, schwelt im Untergrund die Hoffnung auf die *herdenimmune Gemeinschaft*. Die brächte neben dem Ende der Einsamkeit auch die Aufhebung der Schuld kraft der eigenen Gefährlichkeit, in der sich, solange die Pandemie nicht im Griff ist, jeder wähnen muss. Wie in der Pandemie alles kippt, zeigt sich ja auch am Maskengebot: Galt – in der Debatte um die Burka – vor „Corona" einigen die Verhüllung des Gesichts als Verstoß gegen die Menschenwürde, so wird die Verhüllung von Mund und Nase nun zu einem verantwortungsethischen Gebot, in dem zwar ein gewisser Lästigkeitsfaktor, aber in keiner Weise eine Einschränkung der Menschenwürde gesehen wird. Wenngleich es gute Gründe für die Maske gibt, folgt deren Tragen wohl auch dem Herdeninstinkt, den bereits Nietzsche beim modernen Menschen feststellte.[53] Und in diesem Sinne zeigten sich während des Lockdowns viele Menschen offensichtlich um das Herdenwohlgefallen bemüht. So wurden Balkone mit Banderolen geschmückt, auf denen den Pflegekräften für ihren Einsatz gedankt wurde und dies selbst in Ländern, in denen nur wenige erkrankt waren und die Pflegenden nicht mehr als sonst gefordert waren. Auch erfreute sich das öffentliche Danksingen, auch hier mauserte sich der eigene Balkon zur Schrumpfform der Piazza, großer Beliebtheit. Das Danksingen und andere Formen, seine Verbundenheit mit den Gesundheitsbehörden und anderen staatlichen Institutionen auszudrücken, bekräftigte dabei immer auch das große Wir, zu dem nicht dazuzugehören, Ausschluss bedeutet. Wer beispielsweise im Vereinigten Königreich gerade keine Zeit hatte, ein Loblied auf den National Health Service zu singen, den konnte der Bannstrahl treffen. Die der Kollektiv-Identität dienende Fremdscham mutierte während der Pandemie zur „Corona-Scham"[54] und trug als solche unter den verordneten Ausnahme-Bedingungen weiter zur Disziplinierung bei. Sekundiert wurde diese durch eine sprachliche Aufrüstung, welche Krankenschwestern und Ärzte pauschal zu Helden erklärte und damit den Leitbegriff der Militärkultur auch fürs Zivile salonfähig machte,[55] was durch die vorgängige Bezeichnung der Pandemie als Kriegszustand nicht nur erleichtert wurde, sondern auch verständlich machte, warum Abweichler aus der Phalanx mit öffentlichen Ordnungsrufen zurück in die Reihen gerufen wurden.

Das Disziplinierungswerk, welches dazu in Stellung gebracht wurde, ist alt und musste, weil seine Techniken erfolgsbewährt sind, auch unter Corona nicht wirklich neu konzipiert werden. Und so liest sich Michel Foucaults Beschreibung der Disziplinarmaßnahmen zu Zeiten der Pest, als hätte sie den Gesundheitsbehörden beim Entwurf ihrer Corona-Abwehrstrategie zu Grunde gelegen. Was 2020 längst vorhanden ist, scheint dagegen erst aus der Abwehr einer Pandemie entstanden zu sein und begreift sich heute als modernes und aufgeklärtes System von Macht. Und diesem Machtsystem ist die Durchdringung aller Lebensbereiche eigen und mithin der Fokus auf den menschlichen Körper zentral. Daher bedarf es der „Quarantäne", falls die von einem Menschen ausgehende Gefahr nicht anders zu bändigen ist. In jedem Fall verlangt die Macht zu wissen, wer wo ist, so dass es keine Lücke in der Nachverfolgung gibt. „Jeder ist an seinen Platz gebunden. Wer sich rührt, riskiert sein Leben: Ansteckung oder Bestrafung."[56] Daher geht es auch nicht allein um „Masken, die man anlegt, oder fallen lässt", sondern um die wahre Identität, die zu verbergen, zu verschleiern oder zu verheimlichen einen Angriff auf die Ordnung bedeutet.

Dem sich so etablierenden Ordnungssystem geht es um den „Traum einer reinen Gemeinschaft", welcher einstweilen nur mit Überwachung zu realisieren ist. Deren Maßnahmen reklamieren für sich ihre gute Absicht, die Bekämpfung der Pandemie, und können zugleich auf ihre gute Wirkung verweisen. Die gute Wirkung erfüllt sich nicht allein im Sieg über die Krankheit, sondern auch in der Verfestigung der Macht und Ordnung, welche sich über den Kampf gegen die Krankheit legitimiert. Und dies geht einher mit der Schwächung der Gesellschaft zu Gunsten einer Stärkung der Gemeinschaft.

Der Kampf gegen die Krankheit erlangt im 21. Jahrhundert auf Grund technischer Möglichkeiten eine neue Dimension. So werden Menschen weiterhin von ihrer animalischen Seite gesehen, weswegen sie wie die Tiere an verschiedene Bänder genommen werden müssen, zugleich können sie aber mittels Technik ihr gewohntes Leben aus der Quarantäne weiterführen. Letzteres war zumindest der Eindruck, den die modernen Staaten, als sie sich in den Lockdown schickten, erweckten. Deshalb schien man auch nicht die Gefahr der „Entpolitisierung"[57] der Gesellschaften wirklich wahrhaben zu wollen, glaubte man doch, dass Homeoffice und Videokonferenz Gesellschaft mit anderen Mitteln möglich erhalten würden. Diesem Optimismus stand jedoch die Logik von Maßnahmen entgegen, welche notwendigerweise lückenlos sein mussten. Die Einengung der Bewegungsfreiheit, die Rekonstruierbarkeit von vergangenen Anwesenheiten, die Dokumentation von Begegnungen mit anderen aber auch die

Offenlegung von Absichten, all das dient der Ordnung und der Beschreibung der „Lage".

Da die Lage jedoch indifferent ist, die zweite, dritte und weitere Wellen nicht bekannt und nur vermutet werden können, muss jeder jederzeit mit einer Intensivierung der Maßnahmen rechnen. Dabei ist das Verhältnis des Einzelnen zu den Maßnahmen paradox: Die Maßnahmen stellen ab auf den Einzelnen, der bewusst in der Vereinzelung gehalten werden muss, damit ein Wir überhaupt wieder möglich werden kann, wobei dieses Wir rein virologisch („die Herde") betrachtet wird. Unter diesem Verhältnis wird der Gesellschaft tendenziell ihre Berechtigung abgesprochen, weil das, was Gesellschaft ausmacht, unter den Bedingungen der Pandemie nur stört.

9. Freiheit, die sie meinen

Was Vereinzelung bedeutet, lernen Menschen in der Pandemie-Abwehrstrategie. Denn alle Maßnahmen zur erfolgreichen Eindämmung der Pandemie streben zwar eine Wirkung in der großen Zahl an, zielen dabei jedoch auf den Einzelnen. Der Einzelne wird in Quarantäne geschickt, vom Einzelnen wird die Temperatur gemessen und vom Einzelnen wird die Einhaltung der Maskenpflicht und der Abstandsregeln gefordert. Es kommt auf den Einzelnen an, weil es um die Gemeinschaft geht. Im Ausnahme-Notstand kehrt sich das Verhältnis von Freiheit und Gesellschaft um: Die Maßnahmen, welche die Freiheit einschränken, sollen diejenige der Gemeinschaft erhalten. Um dieses Zieles willen macht der Staat dem Einzelnen freiheitsfördernde Angebote. So machte die Politik eine Lockerung des Lockdowns von der Befolgung der Einschränkungen abhängig. Fast im Stil des Obrigkeitsstaates des 19. Jahrhunderts wird eine genaue Beobachtung der Bevölkerung angekündigt und zugleich im Ton der Dankbarkeit erwartenden Großzügigkeit versprochen, dass man sich bei Befolgung der Maßnahmen eine Lockerung vorstellen könne.

Überraschend ist dieser neue Ton nicht, gerät im Ausnahme-Notstand doch auch die Freiheit unter Ausnahmebedingung und wandelt sich vom Anspruch zum Gewährten. Daher muss man etwas dafür tun, sie sich gleichsam verdienen. Aber selbst dann kann alles anders kommen: Selbst derjenige, der brav die Erwartungen erfüllt oder gar übererfüllt, kann sich um seinen Verdienst gebracht finden. Es kann sein, dass die anderen sich weniger verantwortungsvoll gezeigt haben oder dass es ganz einfach neue Bedingungen gibt, welche neue, strengere, Regelungen erfordern. Egal ob die Rechnung der Bürger aufgeht und sie ihre Regelkonformität belohnt sehen oder erfahren müssen, dass sie oder ihre Mitbürger hinter den Erwartungen zurückgeblieben sind, im Ausnahme-Notstand baut die Politik ihren Paternalismus weiter aus. Nun ist der Paternalismus auch in liberalen Staaten nichts Neues und Ungewöhnliches. Schon vor Jahrzehnten erfasste diese eine *paternalistische Wende*, deren stärkste Argumente regelmäßig aus dem Bereich der Gesundheitsvorsorge kamen: Auf diese Art konnte die Helmpflicht für Motorradfahrer, die Gurtpflicht für Autofahrer und ein Rauchverbot im öffentlichen Raum ziemlich mühelos umgesetzt werden.

Die mit Corona verbundenen Maßnahmen sind nur zum Teil von dieser Art, denn Abstandsregeln und Maskenpflicht haben immer auch den Aspekt des Schutzes Anderer, weswegen der Staat, nichtintendierte negative Nebeneffekte bei Seite gelassen, überzeugend mit seiner Verantwortung zum Schutz Gefährdeter, argumentieren kann. Anders also als beispielsweise beim Motorradhelm, der ausschließlich seinen Träger schützt, schützt die Atemschutzmaske über den Benutzer hinaus auch andere Menschen. Eine entsprechende Pflicht ist mithin, wenn überhaupt, nur schwach paternalistisch. Stärker paternalistisch wirken hingegen die Verordnungen auf Menschen, die als besonders gefährdet gelten. Während also junge, gesunde Menschen, die allgemein als wenig gefährdet gelten, zum Schutz derjenigen, die zu einer Risikogruppe gehören, zum Abstandhalten gezwungen werden können, gilt dies nicht in gleichem Maße für die Personen, die Teil der Risikogruppe sind. So könnte ein alter Mensch den Besuch seines Enkels mit dem Argument nicht verweigern, dass er bereit sei, das gesundheitliche Risiko, das für ihn durch den Besuch entstehe, tragen zu wollen. Nicht-paternalistisch ist das entsprechende Besuchsverbot einzig mit Blick auf die Gefährdung des Gesundheitssystems.

Der Paternalismus tritt besonders mit der Lockerung des Lockdowns und dem Wiederhochfahren zum gesellschaftlichen Normalbetrieb auf die Bühne. Denn dort, wo die Verbote wieder aufgehoben werden, es aber nach Ansicht der Behörden dennoch keinen Zustand wie vor Corona geben soll, greift der Begriff von der „Neuen Normalität" und hier kommen paternalistische Ratschläge zum Tragen. So wird den Bürgern beigebracht: Auch wenn größere Versammlungen und das Reisen nicht mehr verboten sind, *sollte* man darauf verzichten. Solche Empfehlungen, jenseits der konkreten Gesetzeslage, werden häufig von Politikern in halboffiziellen Reden verkündet. Ohne sich auf eine Rechtsverbindlichkeit berufen zu können, schaffen solche Reden eine Stimmung des Gesollten jenseits von Recht und Ethik. Sind diese beiden Instanzen durch Eindeutigkeit ausgewiesen, das Recht schweigt sich ja nicht aus über das, was als rechtlich verbindlich gilt und die Ethik liefert Argumente, deren Begründung günstigstenfalls nachvollzogen oder aber kritisiert werden können, so bleibt die diffuse Stimmung des Moralismus unscharf. Mit ihm entsteht ein Feld des Uneindeutigen, das den Akteuren viel Raum für Vorstöße und Rückzüge eröffnet. Die Attraktivität des Moralismus zeigt sich darin, dass er auf einer uneindeutigen und höchst flexiblen Begründungslage aufruht, die je nach Situation oder eigenen Interessen geändert und angepasst werden kann. Die dem Moralismus eigene Unschärfe adelt, je nach Situation und Sprecher, Unschärfen geradezu. So können ihrerseits unscharfe Begriffe wie „Fake News" oder „Verschwörungstheoretiker" plakativ verwendet und damit eine aufwendige Argumentation umgangen werden.

Eine solche Veränderung der öffentlichen Debatte ist in den modernen Gesellschaften schon länger zu beobachten, die, wie Hermann Lübbe bereits in den 1980er Jahren diagnostiziert hat, „die Gesinnung über die Urteilskraft" triumphieren lässt.[58] Damit suspendieren diese Gesellschaften zunehmend das, was doch erst ihren Aufstieg ausgemacht hat: den von religiösen oder sonstigen weltanschaulichen Vorannahmen befreiten Austausch, der das bessere Argument zu finden hilft. Der in den spätmodernen Gesellschaften auftretende Moralismus bemüht demgegenüber voraufgeklärte Stimmungen und Gemengelagen, die sich von denen der Voraufklärung dadurch unterscheiden, dass der neue Moralismus sich mit Versatzstücken der Grundüberzeugungen der Moderne einkleidet. So werden moralistische Stellungnahmen häufig mit wissenschaftlich klingenden und meist dehnbaren Begriffen ausgestattet,[59] die keinen inhärenten Sinn haben, sondern nur den Sinn verfolgen, wissenschaftlich zu klingen. Damit kann der Moralismus zur Unschlagbarkeit auflaufen, scheint er doch beide Vorzüge der Moderne in sich zu vereinen: Die Wissenschaft und das moralische Bewusstsein. Mit beiden hat der Moralismus jedoch recht wenig zu tun. Wissenschaftlich durchdrungene und hinterfragte Argumente interessieren ihn ebenso wenig wie ethische Begründungen.

Der Moralismus suspendiert auf diese Art nicht nur das Argument, das durch die Behauptung ersetzt wird, der Moralismus schafft auch eine regressive, anti-aufklärerische Stimmung, welche die moderne, liberale Gesellschaft bedroht. Markantestes Zeichen dieser Bedrohung ist das Klima der intensivierten Selbst- und Fremdbeobachtung. Erfolge des Moralismus erkennt man an der Selbstverständlichkeit mit der solche Beobachtungen hingenommen oder gar verlangt werden. So zeigten während der Corona-Krise vermehrt Bürger ihre Nachbarn an, die gegen Corona-Verordnungen oder aber gegen allgemein verbreitete und moralistisch aufgeladene Stimmungen zuwidergehandelt hatten.[60] Untermauert wird ein solches Engagement durch den Bezug auf ein imaginiertes Wir, zu dessen Stärkung die Solidaritätskundgebungen von an die Balkone gespannten Dank-Banderolen oder Balkongesängen beitragen sollten. Gelten solche Chiffren bereits als ethisch begründete und gesollte Tat, hat der Moralismus über das Argument gesiegt und ist unschlagbar geworden. Der Erfolg dieses chiffren-basierten Moralismus verdankt sich häufig schlicht der Ermüdung durch die Anforderungen einer zunehmend komplexer und komplizierter gewordenen Welt. Statt die Vielzahl der Handlungsfolgen zu rekonstruieren und die vielen Akteure zu identifizieren, verbindet sich mit den moralischen Chiffren die Hoffnung einer Abkürzung, die gleichfalls zum Ziel der ethisch begründeten verantwortungsvollen Handlung führt. Die Nachfrager und Bedenkenträger müssen und dürfen dann aus Sicht des Moralismus etwas barsch abgekanzelt werden, da sie doch den Betrieb aufhalten, indem sie sich dem schnellen moralischen Statement in den Weg stellen. Wie das aussehen kann, hat weitsichtig Juli Zeh bereits ein Jahrzehnt vor „Corona" in ihrem dystopischen Roman „Corpus delicti" beschrieben: In einem um die Gesundheit seiner Bürger besorgten Staat dreht sich alles um den Virus, dem mit Mundschutz und viel Desinfektionsmitteln begegnet wird. Die „Methode" bildet dabei den wissenschaftlichen Überbau dieser Gesellschaft, deren „Unfehlbarkeit verlangt Konsequenz" in Form von Gehorsam.[61] In der von Zeh beschriebenen Gesellschaft haben die Bürger das „öffentliche und persönliche Wohl zur Deckung gebracht,"[62] zumindest gilt dies für die meisten Bürger. Auch in diesem perfekt organisierten Gesundheitsstaat gibt es Menschen, die entweder nachlässig ihren Verpflichtungen zur Reinhaltung nachkommen oder sich von den staatlichen Vorgaben schlicht nicht überzeugen lassen. Während Letztere eine kleine Minderheit bilden, der man strafrechtlich habhaft werden kann, können die Nachlässigen mit kleinen Anreizen und Belohnungen auf Linie gebracht werden. Bemerkenswert ist, dass diese Gesellschaft zugleich an der Ratio wie auch an einem Moralismus ausgerichtet ist. Dieser verteidigt die herrschende Methode und verbannt deren Gegner; sie gelten als „Reaktionäre".[63]

Nicht nur im Roman, sondern auch im wirklichen Leben zeigt sich, dass der Moralismus der Politik zupasskommen kann, um Hilfstruppen für ihre Projekte zu rekrutieren. Indes ist der Moralismus auch nicht ungefährlich für die Politik, da auch das Umgekehrte passieren kann und die Politik Getriebene einer moralistischen Strömung wird, die sich weder durch das bessere Argument noch durch den Hinweis auf die Interessen der Moralisten mehr stoppen lässt. Den Moralismus zu schüren ist daher nicht nur deshalb nicht zu rechtfertigen, weil der Moralismus sich nicht um Ethik schert und nur einer partiellen Moral folgt; den Moralismus zu schüren bedeutet auch, dass die Politik letztlich ihre Entscheidungshoheit abgibt. Der Verantwortung können sich die politischen Akteure dadurch jedoch nicht entledigen, selbst dann nicht, wenn sie unter moralistischem Erwartungsdruck Entscheidungen treffen, die sie gar nicht treffen wollten.

„Corona" könnte – eine abschließende Beurteilung wird vielleicht erst in Jahren möglich sein – diesbezüglich ein

Lehrstück in politischem Moralismus sein. Dass die Politik nach einmal verordnetem Lockdown und der Menge veröffentlichter Virenzustands-Bulletins aus der souverän verordneten Lage nur schwer wieder herauskam, wie dies in vielen Ländern zu beobachten war, könnte eine Folge der verbreiteten moralistischen Stimmung sein.

Das bewährte Mittel der Politik ist die Datenerhebung. In deren Logik liegt es, dass sie Vollständigkeit anstrebt, da andernfalls immer noch etwas fehlt. Auf der anderen Seite ist Vollständigkeit jedoch gar nicht erreichbar, weswegen auch jede Vorstellung, einer Annäherung auf dem Weg zur Vollständigkeit unbegründet bleibt. Einer auf Daten ausgerichteten Politik, die ihre Glaubwürdigkeit auf der Herrschaft über Daten gründet, bleibt daher nichts anderes übrig, als ihren Datenpool möglichst weiter anzufüllen. Da in der modernen technologiegestützten Gesellschaft jeder Einzelne und erst recht große private *Anbieter* Daten generieren können, sieht sich die Politik gefordert, das Datenmonopol nicht zu verlieren.

Während sich die Politik bei der Beurteilung der „herrschenden Lage" zum einen auf Polizeiberichte und zum anderen auf virologische Daten bezieht, baut sie zugleich an einer Infrastruktur, welche die Datenmenge vergrößert. Das im Umfeld des Utilitarismus entwickelte Modell des Panoptikums kann auch dem pandemieabwehrenden modernen Staat als Vorbild dienen. Denn die Realisierung des „Traums von einer reinen Gemeinschaft (und) von einer disziplinierten Gesellschaft"[64] ist nur eine Frage der Technik. Technischer Fortschritt und gesellschaftliche Veränderungen bringen es mit sich, dass sich die konkreten Techniken ändern, nicht aber deren Ziel der Datengenerierung. Dass diesbezüglich die Technik des 21. Jahrhunderts der Politik ganz andere

Möglichkeiten gibt, als die Technik des 18. Jahrhunderts, liegt auf der Hand. Deren Überlegenheit zeigt sich darin, dass die Datensammlung nun von den Datenträgern selbst besorgt wird. Anders also als beim klassischen Panoptikum, bei dem die es betreibende Macht noch ein Zentrum definieren muss, von dem ausgehend gesichtet und Informationen zusammengetragen werden, erlaubt die moderne Digitaltechnik, dass jeder Mensch als *Datenträger* fungiert. In einem Punkt hat sich aber nichts geändert gegenüber dem klassischen Panoptikum: Jeder „ist Objekt einer Information".[65] Und die Information ist sein Körper, also das *Corpus Delicti*, dessen Informationsgehalt existentiell ist, sowohl für den Datenträger selbst als auch für die Gemeinschaft, welche sich aus den vielen Datenträgern zusammensetzt.

Wenn daher Staaten mehr Informationen über die Verbreitung des Virus haben wollen, dann können sie ihre Bürger zur Generierung der entsprechenden Daten bewegen. Dies kann mittels Zwang oder mittels motiviertem Engagement der Einzelnen geschehen. Will ein Staat auf Zwangsmaßnahmen verzichten, kann er dies mit einer Mischung aus moralistischen Verantwortungsappellen und Anreizen erreichen. Dieser Weg ist in der Regel dem zwangsbewährten vorzuziehen: Zwang macht sich für einen modernen, liberalen Staat nicht gut und, und das dürfte für viele Regierungen letztlich den Ausschlag geben, Zwangsmaßnahen sind weniger erfolgreich als wenn man die Akteure zur freien Mitarbeit bringt.[66] Die Regierungen können dann nicht nur eher damit rechnen, dass sie ihr anvisiertes Ziel auch erreichen, sondern zugleich, dass sie auf diesem Weg wenig Widerstand erfahren. Gerade Anstrengungen zur Senkung der Kosten im Gesundheitswesen verbuchen mit diesem Ansatz seit Jahrzehnten Erfolge, zumindest wenn man darunter die Entlastung der öffentlichen Budgets und die Verlagerung der Kosten hin zu den Versicherten versteht. Solche Effekte sind durch finanzielle Anreize relativ leicht und zuverlässig zu erzielen. Etwas komplizierter sind dagegen Effekte zu erreichen, deren Leistungen nicht oder nicht vollständig zu monetarisieren sind.

Wo finanzielle Anreize nicht ausreichen, können dann gesellschaftliche Kosten zielführend sein, wie die erfolgreiche und schnelle Umsetzung des Rauchverbots gezeigt hat. Den Erfolg brachte eine Mischung aus Angst vor der Selbstgefährdung – hierzu dienten abschreckende Bilder auf den Zigarettenpackungen – und der Appell an das Verantwortungsbewusstsein. Solche Maßnahmen sind deshalb erfolgreich, weil sie selbst dann, wenn es nicht um Geld geht, einem in der Ökonomie bewährten Konzept von Gewinn und Verlust bzw. Gewinnmaximierung folgen. Denn so wie die moderne Ökonomie als ein Win-Win-System propagiert wird, bei dem alle nur als Sieger vom Platz gehen und es also keine Verluste gibt, so ist nicht die Drohung vor einem Verlust, sondern die Sorge um einen entgangenen Gewinn der Treiber. Das dafür nötige Selbstverständnis ist längst zum Allgemeingut geworden: „Jeder muss zum Manager seines eigenen Ichs werden."[67] Auch hier bietet die Ökonomie von Soll und Haben das Modell, dessen Anwendung auf das Lebendige erst den großen Ertrag verspricht. Denn was es hier zu gewinnen gilt, das ist mehr als Geld oder Anteilsscheine, die schon morgen ihren Wert verloren haben können: Das, worauf es wirklich ankommt, das ist das Leben, sowohl das biologische als auch das soziale. Zumindest die modernen Gesellschaften verfügen schon seit längerem über Erfahrungen mit der Verbesserung des Körpers und wissen um deren doppelte Rendite. Anstrengungen zur Erhöhung der Fitness beispielsweise zahlen sich nicht nur durch die damit einhergehende verbesserte körperliche Tüchtigkeit, sondern zugleich auch durch soziale Anerkennungserfolge aus. Und spätestens dann zeigt sich die politische Dimension der Arbeit am eigenen Körper.

Wie verbreitet das Verständnis des eigenen menschlichen Körpers als eines Politikums und zwar sowohl hinsichtlich der politischen Anerkennungsverhältnisse als auch hinsichtlich seiner Teilhabe an der Gemeinschaft ist, erkennt man daran, dass entsprechende Verbesserungsanstrengungen bereits mittels Appell – siehe das Rauchverbot – in Gang gesetzt werden können. An ein solches Bereitschaftspotential lässt sich also anknüpfen, wenn man glaubt, *Körper-Politik* betreiben zu müssen. In Zusammenhang mit „Corona" haben die Staaten dieses Politikfeld neu entdeckt.

Anders als die Biopolitik, welche seit den Analysen von Michel Foucault unter dem Verdacht des Invasiven und Übergriffigen steht, erscheint die Körper-Politik als unverdächtig. Dazu trägt nicht zuletzt auch die Wirkung eines cartesischen Dualismus bei, der in Verbindung mit den Fortschritten der Computertechnologie den Körper als vernachlässigbares Ding ausweist. Wenn dementsprechend die Identität des Menschen, mithin seine Seele, im Computer ihre Korrespondenz findet,[68] dann bedeutet die Unterwerfung des Körpers unter die digitale Kontrolle keinen Übergriff, sondern *Selbstkontrolle.* Und diese bietet bekanntlich doppelten Gewinn: Man wird Herr seiner selbst, verzettelt sich also nicht länger in der Vielzahl körperbezogener Anreize und kommt dadurch auch den Anderen weniger in die Quere.

Genau das soll auch die *Corona-App* leisten. Das Angebot, computergestützt Auskunft über Zustand und Standort des Körpers zu geben, erscheint als geradezu verführerisch und *Tracking- und Tracing-Funktionen* als ersehnter Ausweg aus den pandemiebedingten Einschränkungen des Alltags bzw. als Versprechen, diese Einschränkungen nicht erneut vornehmen zu müssen. Der Deal ist dabei einfach und vielversprechend: Für den Tausch von Daten (die Sendung der Ortsangaben incl. der Information über den eigenen Gesundheitszustand gegen die Information zur Ortung von Infizierten) kann man seine Gefährdung durch *Gefährder*, nämlich infizierte Mitmenschen, senken. Zugleich, vorausgesetzt, es beteiligen sich genügend viele an dem Datenaustausch, verbessert sich *die virologische Lage*.

Dass ein solches System der Generierung und des Austauschs von Daten an das Panoptikum des 18. Jahrhunderts erinnert, kommt nicht von ungefähr: Tracing- und Tracking App sind das Panoptikum mit anderen Mitteln, die in der Logik der gesellschaftlichen Entwicklung sowohl verfeinert als auch in der für die Spätmoderne typischen Weise vektoriell umgekehrt sind. Die Verfeinerung leistet der Minirechner des Smartphones, dessen Datensammelleistung diejenige der Wachmannschaft im Panoptikum-Turm bei Weitem übersteigt. Die vektorielle Umkehr schließlich zeigt sich darin, dass neu niemand mehr im Zentrum steht und den Aufpasser und Kontrolleur gibt: Dessen Aufgabe übernimmt nun jeder selbst.

Dass dieser Job – zumindest in den liberalen Gesellschaften – auf Freiwilligkeit beruht, ergibt sich einstweilen aus deren noch vorhandenem Selbstverständnis plus der Erkenntnis, dass Freiwilligkeit, wie es die Politik ausdrückt, der Garant des Erfolges ist. Das stellt natürlich keine Garantie für die Werte der liberalen Gesellschaft dar, sondern garantiert lediglich, dass diese Werte, d.h. die Abwesenheit von Zwang, solange in Geltung sind, wie der Erfolg der Datengenerierung und des Datenaustauschs garantiert sind. Wenn dieser ausbleibt, dann könnte die Freiwilligkeit dem erpresserischen Angebot erliegen, App gegen Bewegungsfreiheit.[69]

Weitere Einwände gegen eine solche App haben ebenfalls Gewicht. So würde ein Prozess, der im Rahmen der Digitalisierung bereits im Gange ist, weiter vorangetrieben und zum Abschluss gebracht: die lückenlose Ausstattung der Gesellschaft mit Smartphones. Damit ergäbe sich auch ein neuer Straftatbestand: Der Nicht-Besitz eines Gerätes ließe sich damit kriminalisieren. Aber selbst wenn es noch nicht so weit ist, die App, die schon als *Coronoptikum* bezeichnet wurde, birgt ein Kontrollpotential, wie es historisch keiner Politik zur Verfügung gestanden hat.[70] Glaubt man, liberale Rechtsstaaten seien vor der damit verbundenen Gefahr gefeit, so verkennt man, dass diese umso eher in ihrer Substanz gefährdet sind, wie die Bürger geschwächt sind. Potenziell in ihrer physischen und psychischen Verortung nachvollziehbare Menschen passen sich, wie die Panoptikum-Erfahrung zeigt, dem System ihrer Kontrolle mehr an als sie sich ihm gegenüber widerständig zeigen. Und schließlich kommt zu den Sorgen vor einer Aushöhlung der Freiheitsrechte, die Sorge um eine *Hybridisierung* der Gesellschaft. Eine solche Entwicklung ist zwar bereits lange – und nicht erst mit der Entwicklung der Digitalisierungstechnologie – im Gange, dennoch dürfte sich durch die *Total-Digitalisierung* der Lebenswelt sowohl das Selbst- als auch das Weltverständnis grundlegend verändern.

Was genau auf der Strecke bliebe, wenn Nähe und Distanz zwischen Menschen nicht mehr durch diese selbst, sondern durch deren Geräte reguliert werden würden, ist zwar nicht leicht vorherzusagen, aber es wäre wohl eine völlig neue Dimension des Sozialen, wenn sich Menschen bei der Gestaltung ihrer Beziehungen nicht mehr auf das eigene Gefühl von Abstand verlassen, sondern diesen permanent berechnen und vermessen lassen würden. Ein solcher Umbau der Welt steht gerade bevor. Die Menschheit wird dadurch auch einen Homogenisierungsschub erfahren, der die wesentlichen Parameter der Weise von Selbst- und Weltverhältnis unter Abschleifung kultureller Differenzen einander angleichen wird. Was die Corona-App darüber hinaus problematisch macht, ist die Tatsache, dass es über die Einleitung solch weitreichender und praktisch irreversibler Effekte keine wirkliche Debatte gibt; stattdessen regiert die, sich auf dem Gesetz der Angst gründende, Verordnung.

10. Nach der Pandemie ist vor der Pandemie

Die Frage, wie das Leben nach „Corona" weitergehen kann und weitergehen soll, geht über Covid-19 hinaus und muss sich mithin Gedanken machen, wie in der Zukunft auf vergleichbare Herausforderungen reagiert werden soll. Dabei wäre zunächst zu klären, was denn mit „Corona" vergleichbare Ereignisse sind. Naheliegender Weise denkt man dabei an eine weitere Pandemie, zumal das noch junge 21. Jahrhundert bereits als Jahrhundert der Pandemien gilt. „Corona" stand jedoch nicht allein und noch nicht einmal zuerst für eine Krankheit, sondern für ein, wie es in der Katastrophenforschung heißt, *Großschadensereignis.*

Die politischen Maßnahmen, die auf Covid-19 reagierten, gingen daher in erster Linie von dem drohenden großen Schaden aus, dem erst in zweiter Linie mit den virologisch bedingten Covid-spezifischen Forderungen nach Hygiene und Abstandsgebot begegnet wurde. Diese Reihenfolge der Einschätzung ergibt sich daraus, dass es Krankheiten gibt, welche im Einzelfall wesentlich schwerere Verläufe als Covid-19 haben, auf die, da sie kein Großschadensereignis sind, jedoch nicht in der Weise reagiert wird, wie dies bei „Corona" der Fall war. Dies gilt selbst für schwere Krankheiten, an denen sehr viele Menschen leiden und sterben. Selbst da beschränken sich die Staaten häufig auf die Investition in die Gesundheitsinfrastruktur und versuchen, wo sich dies anbietet, durch Warnhinweise Einfluss auf einen möglicherweise krankheitsbegünstigenden Lebensstil und das Konsumverhalten ihrer Bürger zu nehmen. Darüberhinausgehende Maßnahmen, wie etwa Verbote und Grundrechtseinschränkungen, sind dagegen höchst selten wie beispielsweise das Verbot von Kauf und Konsum nur einiger als besonders schädlich betrachteter Drogen zeigt.

Zumindest liberale Rechtsstaaten glauben, damit ihrer Verantwortung bereits Genüge getan zu haben und schreiben die verbleibenden Lebensrisiken der Selbstverantwortung der Bürger zu. Entsprechend werden lediglich die Menschen, die zu einem verantwortungsvollen Management ihres eigenen Lebens nicht in der Lage sind, paternalistisch vom Staat geschützt, wie dies beim Alkoholverkaufsverbot für Kinder der Fall ist. Andere Lebensrisiken versucht der Staat dagegen nicht zu mindern. Dies gilt für viele Ereignisse, an denen viele Menschen sterben, neben den Krankheiten sind dies auch Unfälle.

Denn selbst die Zahl der Unfallopfer zu verringern, sieht sich der Staat lediglich bis zu einem gewissen Maß in der Pflicht, weswegen er beispielsweise Sicherheitsnormen und Sicherheitsanforderungen für die Nutzung von Geräten erlässt – beispielsweise die Bremsqualität bei Autos und deren Ausstattung mit Sicherheitsgurten –, darüber hinaus bestehende Risiken aber den Nutzern überträgt. Denn selbst bei verkehrstüchtigen Autos sind, wie die Erfahrung schmerzlich zeigt, tödliche Unfälle nicht auszuschließen. Wer sich dennoch diesem Risiko aussetzen will, darf dies tun. Dieses Recht ist deshalb nicht ganz unbedenklich, weil auch Fußgänger und Fahrradfahrer, die also keine Nutznießer des Autos sind, Opfer eines Autounfalls werden können. Der Staat bemüht sich hier lediglich durch reglementierende Eingriffe – beispielsweise durch Geschwindigkeitsbegrenzungen – oder durch Investitionen in die Infrastruktur – durch den Bau von Fußgänger- und Radwegen –, deren Opferzahl zu begrenzen, wohlwissend, dass Opfer gleichwohl unvermeidlich sind. Mit dem Fahrrad unterwegs zu sein und mithin der Gefahr ausgesetzt zu sein, von einem Auto angefahren zu werden, zählt demnach also gleichfalls zu einem hinzunehmenden Lebensrisiko. Der schuldlose Unfall des Fahrradfahrers wäre demnach sein Schicksal.

Diese Weise des Gefahrenmanagements zeigt, dass der liberale Staat das Leben nicht allgemein als das höchste Gut ansieht. Würde der Staat das Leben allgemein als das höchste Gut ansehen, müsste er mit massiven Verboten und anderen Eingriffen die Zahl der tödlichen Unfälle auf null zu senken versuchen. Nun ließe sich die Zahl der tödlichen Autounfälle durchaus auf null bringen, nämlich durch ein Verbot des Autos, zu dem Preis allerdings, dass dadurch in anderen Bereichen der Mobilität die Opferzahlen deutlich ansteigen würden. Andere tödliche Unfälle lassen sich dagegen wohl kaum vermeiden, was selbst für die größte Unfallgruppe gilt, für die Unfälle im Haushalt. Der Staat sieht auch hier keinen grundsätzlichen Handlungsbedarf und die Gesellschaft adressiert auch keine entsprechenden Erwartungen an den Staat. Wir haben im Haushalt also weiterhin Treppenstufen, an denen man stolpern und Stühle, mit denen man umkippen kann – also die zwei Hauptursachen tödlicher Unfälle –, ohne uns dadurch vom Staat in seiner Sorgeverantwortung vernachlässigt zu fühlen. Wenn der Staat sich im Bereich häuslicher Unfälle, bei denen allein in Deutschland im Jahr fast 12.000 Menschen sterben,[71] zu keinem weiteren Engagement verpflichtet sieht, dann zeigt dies wiederum, dass Staat und Gesellschaft das Leben nicht als das höchste Gut ansehen. Denn als noch höher wird das lebenswerte Leben erachtet. Ein rundum abgesichertes Leben gliche einem goldenen Käfig, indem man zwar nicht unfallbedingt sterben könnte, aber eben auch kein lebenswertes Leben hätte. Was, so muss man fragen, macht dann den Unterschied zu den Großschadensereignissen mit staatlichem Engagement.

Wie „Corona" zeigt, stellt die Pandemie ein prognostiziertes Großschadensereignis dar, das durch staatliches Engagement vermeidbar oder zumindest in seinen Auswirkungen minderbar erscheint. Im Unterschied zu anderen Ereignissen gleichfalls hoher Opferzahl, sieht sich der Staat in diesem Fall zu seinen außergewöhnlichen Maßnahmen auf Grund mehrerer drohender Gefahren verpflichtet: Da ist zum einen die Sorge um eine Überforderung des Gesundheitssystems und, damit verbunden, die Furcht vor einer Triage und schließlich gilt die Sorge den von Covid-19 besonders bedrohten alten Menschen und den Menschen mit bestimmten Vorerkrankungen („Risikogruppen"). Diese Konstellation bildete die Grundlage des außergewöhnlichen staatlichen Engagements in der Corona-Krise. Anders als bei anderen Lebensrisiken, beschränkte sich der Staat bei „Corona" nicht auf die sonst üblichen Warnhinweise, sondern ist darüber hinaus aktiv geworden. Der Staat leitete dabei seine Verantwortung aus seinem Vermögen ab, den drohenden großen Schaden verhindern oder mindern zu *können*. Die staatlichen Entscheider folgten damit der Überzeugung, dass das Können ein Sollen gebiert und befanden, ihrer Verantwortung nicht gerecht zu werden, wenn sie nicht mit allen ihnen zur Verfügung stehenden Maßnahmen dem drohenden Großschadensereignis begegnen würden.

Wie das Beispiel alternativen Verhaltens gegenüber anderen Gefahren zeigt, wählt der Staat nicht immer alle ihm möglichen Mittel zur Gefahrenabwehr und glaubt häufig, seiner Verantwortung bereits mittels Aufklärung oder Warnung gerecht zu werden. Für einen solch verhaltenen Mitteleinsatz gibt es gute Gründe: zum einen können dadurch ebenso Überreglementierungen wie auch unerwünschte Nebenfolgen vermieden werden. Überreglementierungen gilt es zu vermeiden, da sie das Leben über Gebühr einschränken und damit die Lebensqualität strapazieren; Nebenfolgen sind dann unerwünscht, wenn die durch sie verursachten Schäden mit jenen, die es zu vermeiden gilt, gleichgewichtig sind oder diese gar übertreffen. Beide negativen Effekte lassen sich, wenn überhaupt, dann nur angesichts einer sehr großen drohenden Gefahr rechtfertigen. Entscheidungsträger müssen daher darauf achten, dass sie nicht mehr negative als positive Effekte bewirken. Sie müssen, mit anderen Worten, vermeiden, dass ihre Sorgeverantwortung zur Verursacherverantwortung kippt; eine Fortsetzung von Maßnahmen, welche mehr negative als positive Effekte verursachen, wäre schuldhaft.

Wie schmal der Grat sein kann, machte der deutsche Bundestagspräsident deutlich, als er den mit den Pandemie-Abwehrmaßnahmen intendierten Schutz von Leben als nicht über alles andere erhaben bezeichnete und feststellte, dass der absolute Wert die Würde des Menschen sei.[72] Die Verabsolutierung des Lebens ist demnach nur immer im konkreten Einzelfall gerechtfertigt, wie dies der Kantianismus in Auseinandersetzung mit dem Utilitarismus verdeutlicht. Eine Verabsolutierung des Lebens im Allgemeinen kann demgegenüber schnell in eine grundrechtsauflösende totalitäre Politik führen.[73] Sich diese Gefahren bewusst zu machen, bedeutet nicht notwendigerweise, dass die Politik sich aller Entscheidungen enthalten sollte: Nichts zu tun, kann nicht weniger falsch sein, als alles zu tun. Wenngleich die Abwägung schwerfällt, so ist man dennoch nicht orientierungslos. Und das Lehrstück „Corona" hat weitere Orientierung gegeben.

Als wichtigste Lehre kann gelten, dass die Akteure sich die Weite ihrer Entscheidungen bewusst machen und mithin anerkennen, dass sich eine verantwortungsethische Entscheidung nicht nur durch das intendierte Ziel rechtfertigt, sondern zusätzlich auch durch die dadurch bewirkten nicht-intendierten Folgen. Selbstverständlich lassen sich nicht immer alle Folgen, sowohl die intendierten wie die nicht-intendierten, absehen. So wie das Können ein Sollen gebiert, so gebiert auch das Wissen ein Sollen. Daher kann gelten: Handlungen, die die absehbare Weite ihrer Folgen nicht berücksichtigen, greifen zu kurz und sind verantwortungsethisch nicht gerechtfertigt.

Zu der Weite zu berücksichtigender nicht-intendierter Folgen zählen die bereits genannten Auswirkungen auf andere Länder ebenso wie nicht-intendierte Auswirkungen auf die eigene Gesellschaft. In Bezug auf die anderen Länder wäre beispielsweise zu prüfen und dann zu berücksichtigen, inwiefern die Veränderungen im eigenen Land negative Effekte in einem anderen Land generieren. Gerade die ökonomisch reichen Länder müssen sich dabei bewusst machen, wie abhängig ökonomisch schwache Länder von ihren Entscheidungen sind. Selbst bei „Corona", also einem die Gesundheit betreffenden Ereignis, müssen die reichen Staaten anerkennen, dass ihre aus souveräner Sorgeverantwortung gegenüber ihrer Bevölkerung ergriffenen Schutzmaßnahmen negative nicht-intendierte Effekte bei anderen Staaten bewirken können.

Zu den negativen Effekten, welche durch den Nachfrageeinbruch nach Rohstoffen und Fernreisen bewirkt wurden, zählen neben der Verschlechterung der wirtschaftlichen Lage in den armen Ländern, die, wie bereits erwähnt, bis zur Zunahme von extremer Armut und Hunger reicht, die Verschlechterung ihrer politischen Infrastruktur und ihrer natürlichen Lebensgrundlagen. Diese negativen Effekte gegen die positiven Effekte im eigenen Land aufzuwiegen, würde eine unzulässige Instrumentalisierung bedeuten. Wer dennoch die Tatsache der Verwobenheit der Weltwirtschaft und die existentielle Verwundbarkeit der armen Länder unter Bezug auf die eigene staatliche Souveränität ignoriert, verkennt, dass Souveränität noch keine Autonomie gebiert. So sind die Staaten – die reichen zumal – in ihren Entscheidungen zwar souverän, was jedoch nichts anderes als einen Rechtsstatus bezeichnet. Erst das Verständnis von Autonomie im Sinne Kants gibt den staatlichen Entscheidungen eine ethische Dimension und führt sie dadurch in den Bereich der Verantwortung. Daher werden Staaten ihrer Verantwortung nicht gerecht, wenn sie sich bei ihren Entscheidungen lediglich auf ihre Souveränität berufen. Das Pochen auf souveräne Macht ist ethisch bedeutungslos; zur Konfliktlösung sind Entscheidungen gefragt und diese müssen in autonomer Weise getroffen und gerechtfertigt werden. So wie Tatsachen nicht hinter begrifflichem Geschütz, als welches die Souveränitätsbehauptung missbraucht werden kann, versteckt werden können, so kann der Rückfall in die Kategorien des Nationalen, wie sie die weltweiten Grenzschließungen markiert haben, noch kein Problem lösen. Zu den nicht zu leugnenden Tatsachen zählt die Vernetzung der Weltwirtschaft und die sich daraus ergebende besondere Verantwortung der ökonomisch reichen Staaten. Diese sind also gefordert, auch negative Effekte, welche sie bei den anderen auslösen, in ihre Sorgeverantwortung einzubeziehen und beispielsweise mit konkreten Stützungsmaßnahmen aufzufangen.

Zu den nicht-intendierten negativen Effekten im eigenen Land zählen die Einkommensverluste und die Ausweitung der Wohlstandsschere ebenso, wie der Verlust an partizipativen Möglichkeiten und die Einschränkung von Grundrechten. Solche negativen Effekte dürfen nicht leichtfertig als Begleitschaden in Kauf genommen werden. Einschneidende politische Maßnahmen müssen daher diskursiv verankert werden, Grundrechtseinschränkungen dürfen nur ausgesprochen zurückhaltend vorgenommen werden und müssen in kurzen Intervallen neu zur öffentlichen Debatte gestellt werden und materielle Schäden müssen kompensiert werden. Für alle genannten Effekte gilt, dass sie nicht die Schwelle der Irreversibilität erreichen dürfen.

„Corona" kann in diesem Sinne für den Umgang mit Großschadensereignissen neue Maßstäbe setzen. Gerade mit Blick auf Ereignisse globaler Dimension muss gelten, dass diese auch nur global gelöst werden können. Ob dazu internationale und supranationale Organisationen die nationalen trumpfen sollten, ist eine Frage, die pragmatisch beantwortet werden muss. Falls die übernationalen Organisationen mit dieser Aufgabe überfordert sind, kann dies gleichwohl keine Rückkehr zur nationalstaatsfixierten Konfliktlösung bedeuten. Worauf es ankommt, ist, dass zur Lösung der globalen Konflikte sowohl auf der nationalen wie auf der internationalen Ebene ein fairer Diskurs und die offene Artikulation der betroffenen Interessen erfolgt.

Was diese Interessensartikulation, welche immer auch, aber natürlich nicht ausschließlich, mit einem Zusammentragen von Daten zu tun hat, angeht, so hat „Corona" bereits wichtige Lerneffekte erzielt. So haben die Gesellschaften, und zwar nicht von oben verordnet, sondern aus eigenem Erleben, einen neuen Begriff von *Systemrelevanz* entworfen. Nicht die gigantisch großen Unternehmen, die von der Lebenswirklichkeit der allermeisten Menschen weit entfernt sind, sind systemrelevant, sondern die vielen Dienstleister und anderen Organisationen und Unternehmen, die ganz nah am Leben sind. Also der Friseurladen, das kleine Restaurant, der Buchladen und der kleine Reparaturladen und natürlich die Schule und Kindertagesstätte sind systemrelevant. So wie die Problemlösung nur nah am Leben erfolgen kann, so muss dies auch für die Problemprophylaxe gelten. Das bedeutet unter anderem, dass die eingesetzten Mittel immer kritisch begleitet werden müssen und sich nicht verselbständigen dürfen. In diesem Zusammenhang hatte Schirrmacher bereits vor Jahren vor zu viel Vertrauen in die Digitalisierung und insbesondere vor Fehlprognosen bei der Pandemievorhersage gewarnt.[74]

„Corona" steht jedoch nicht nur für zu vermeidende Fehler; „Corona" steht auch für die Chance, einer ganz neuen Dimension verantwortungsethischen Handelns, die man durchaus als Fall von *Global-Verantwortung* bezeichnen kann. Wie die vorliegende Untersuchung gezeigt hat, ist die globale Corona-Abwehrstrategie nur bedingt ein Fall von Global-Verantwortung, denn letztlich bleiben zu viele Verantwortungslücken und zu viele Verantwortungsdefizite. Das bedeutet aber nicht, dass es nicht ein erstrebenswertes Ziel wäre, wenn die Weltgemeinschaft mit Blick auf die größten Bedrohungen, verantwortungsethisch geeint werden könnte. Und diese größte Bedrohung scheint aus heutiger Sicht nicht Covid-19, sondern der Welthunger und der Klimawandel zu sein.[75] Beide Herausforderungen unterscheiden sich von Covid-19 dadurch, dass die Krankheit ein Naturereignis ist, Welthunger und Klimawandel jedoch menschenverursacht sind. Dieser Unterschied ist nicht unerheblich, fordert er doch in ganz anderer Weise ein Engagement heraus. Kann man sich bei drohenden Naturereignissen noch aufs Warnen beschränken, wie dies beispielsweise bei einem drohenden Tsunami der Fall ist, so ist es damit bei von Menschen verursachtem Leid nicht getan. Hier ist ein aktives Bemühen um eine Beendigung des Leidens gefordert.

Welthunger und Klimawandel stellen solche Übel dar, die, da durch den Menschen verursacht, auch durch den Menschen überwunden werden müssen. So unterschiedlich beide Übel auf den ersten Blick sind, so zeigen sie bei näherer Betrachtung doch viele Gemeinsamkeiten. So stellen beide Ereignisse eine sehr große Not dar und beide Ereignisse sind, übrigens wie „Corona", systemgefährdend. Darüber hinaus sind Welthunger und Klimawandel auf der Ursachenebene miteinander verwoben. Eine Verbindung zu „Corona" besteht schließlich auch hier: Die Mittel, die benötigt werden, um diese beiden globalen Übel zu überwinden, sind zum Teil bereits in der Corona-Krise zum Einsatz gekommen. Damit ist das bis anhin häufig zu hörende Unmöglichkeitsargument entkräftet. Dass das Anliegen komplex ist und der Berücksichtigung und Abwägung möglichst aller Verantwortungsfolgen bedarf, auch dies ist eine Lehre aus „Corona".

Anmerkungen

[1] Peter Handke 1972, S. 22.

[2] Zur Rezeptionsgeschichte von Naturkatastrophen, siehe Christa Hammerl et al. 2009.

[3] Emmanuel Macron 2020.

[4] Encyclopedia of Ethics 2001, S. 82.

[5] SAMW 2020, S. 5; Jochen Taupitz 2020, S. 929; Ferdinand von Schirach; Alexander Kluge 2020, S. 23; Michael Christ et al. 2010.

[6] Deutscher Ethikrat 2020, S. 3.

[7] Siehe dazu Weyma Lübbes Kritik der Triage-Empfehlungen der italienischen Gesellschaft für Intensivmedizin, dies. 2020.

[8] Die entsprechende Rechnung in kritisierender Absicht macht Weyma Lübbe auf, siehe dies. 2020.

[9] Deutscher Ethikrat 2020, S. 4.

[10] Thomas Schramme 2002, S. 127.

[11] Christian Lenk 2013, S. 99.

[12] Siehe dazu die ersten beiden Grundbefähigungen nach Martha Nussbaum, also die Befähigung, ein Leben von normaler Länge zu führen und die Befähigung bei guter Gesundheit zu sein, dies. 2011, S. 33.

[13] Bereits in Prä-Corona-Zeit hat dazu Juli Zeh das drastische Konzept entwickelt, dies 2009.

[14] So der Wortlaut des „Niklausbeschlusses" des deutschen Bundesverfassungsgerichts vom 6. Dezember 2005, siehe Bundesverfassungsgericht 2005.

[15] Sherry Glied; Peters Smith 2011, S. 764–767.

[16] Charles E. Phelps 2018, S. 140.

17 Hans-Georg Gadamer 1960, S. 312.

18 Siehe die Erläuterungen des Medizinstatistikers Gerd Antes 2020 und des Mathematikdidaktikers Wolfgang Meyerhöfer 2020.

19 Thomas Sören Hoffmann moniert in diesem Zusammenhang das „Wegsehen der Politik, die für ihr Tun und Verordnen auf Wissenschaft pocht, dabei jedoch nur einen kleinen Kronrat nicht unbedingt von der Wissenschaft selbst delegierter Experten im Auge hat." ders. 2020.

20 Sandra Mitchell hält für Situationen dieser Art einen „integrativen Pluralismus" für angemessen, dies. 2008, S. 133.

21 Einen ersten Ansatz aus belletristischer Warte hat Martin Meyer vorgelegt, ders. 2020.

22 Vittorio Hösle 1997, S. 755.

23 Sandra Mitchell beschreibt die Arbeitsweise der Wissenschaft als „Wechselbeziehungen zwischen (verschiedenen) Analyseebenen", dies. 2008, S. 144.

24 Ernst Forsthoff 1971, Sp. 669f.

25 https://www.undrr.org/publication/international-decade-natural-disaster-reduction-idndr-programme-forum-1999-proceedings; siehe auch François Walter 2008, S. 275.

26 United Nations 2020, S. 3.

27 Ulrich Beck 1986, S. 31, bereits vier Jahrzehnte zuvor sprach Clinton L. Rossiter davon, dass „im Atomzeitalter (…) die Anwendung von Notvollmachten zur Regel wird und nicht Ausnahme bleibt." (ders. 1948, S. 297, zitiert bei Giorgio Agamben 2003, S. 16).

28 Beide Begriffe kann man synonym verwenden, siehe Anna-Bettina Kaiser 2019, S. 50.

29 Giorgio Agamben 2003, S. 9.

30 Giorgio Agamben 2003, S. 8.

31 Bundesgesetz, EpG, Art. 7.

32 Bundesgesetz, EpG, Art. 6.

33 Immanuel Kant 1798, S. 341.

34 Giorgio Agamben 2003, S. 39.

35 So resümiert Anna-Bettina Kaiser diesen Konflikt, dies. 2019, S. 45.

36 Anna-Bettina Kaiser 2019, S. 234.

37 Diese metaphorische Bedeutung des Gewichts von Rechtsgütern betont Anna-Bettina Kaiser 2019, S. 236.

38 Das kann indes nicht sein, denn wenn das Verhältnismäßigkeitsprinzip „nicht mehr in der Lage ist, klar rechtsstaatswidrige Maßnahmen (…) auszusondern, versagt es." Anna-Bettina Kaiser 2019, S. 237.

39 Die als „Wesensgehaltsgarantie" oder „Ewigkeitsgarantie" bezeichnete Bestimmung verunmöglicht eine Aufhebung oder wesensmäßige Veränderung der Grundrechte; in diesem Punkt weitgehend übereinstimmend das deutsche Grundgesetz, GG, Art. 19, 2 und die Schweizeriche Bundesverfassung, Art. 36, 4.

40 Zu der entsprechenden Rechtsprechung des Bundesverfassungsgerichts, siehe Anna-Bettina Kaiser 2019, S. 280. Für die Schweizerische Situation und die im Epidemiengesetz, Art. 7 vorgesehene „außerordentliche Lage" stellt David Rechsteiner „ein gewisses Missbrauchspotential" fest, ders. 2016, S. 384.

41 Hans Jonas 1979, S. 71. Jonas richtet diesen Verantwortungsappell sogar explizit an die staatliche Exekutive: „Eine Verantwortung der Staatskunst ist, darauf zu achten, dass künftige Staatskunst möglich bleibt", ders. 1979, S. 214. Mit Bezug auf die Corona-Abwehrmaßnahmen

ließen sich damit die Maßnahmen zu Gunsten des Erhalts der Gesundheitsinfrastruktur rechtfertigen.

42 In diesem Sinne Matthias Gillner; Volker Stümke 2015.

43 Vgl. Anna-Bettina Kaiser 2019, S. 236ff.; Ferdinand von Schirach 2016.

44 Thomas von Aquin, 2-2, q. 64 a.7

45 Cass R. Sunstein 2005, S. 92, zu den folgenden Argumenten, siehe ders. S. 93.

46 François Walter 2008, S. 288.

47 Zu der Wirkung der „Gesetze der Angst" siehe Cass R. Sunstein 2005, S. 300f. und 330f.

48 Diese Verantwortung hat beispielsweise die deutsche Justizministerin anerkannt, siehe Christine Lambrecht 2020.

49 Siehe Andy Sumner; Chris Hoy; Eduardo Ortiz-Juarez 2020 und Robert Kappel 2020. Erste Schätzungen gehen davon aus, dass die Summe der Maßnahmen zur Eindämmung der Pandemie 40 Millionen Menschen in die absolute Armut gestürzt haben, siehe Philip Plickert; Thilo Thielke 2020.

50 Hans Jonas 1979, S. 230.

51 Aristoteles, Politik, 1253a9.

52 Und das eine ist, wie Hannah Arendt zeigt, mit dem anderen verbunden, siehe dies. 1958, S. 59.

53 Friedrich Nietzsche 1886, Aph. 202, S. 124.

54 Siehe Guardian 2020.

55 In diesem Sinne standen bei der Militärparade zum 14. Juli 2020 vor der Präsidententribüne die Krankenschwestern und Ärzte in ihren weißen Kitteln, siehe Le Monde 2020.

56 Michel Foucault 1975, S. 251 und das folgende Zitat auf S. 254.

57 Giorgio Agamben 2002, S. 85.

58 Hermann Lübbe 1987.

59 Ein solcher Modebegriff der letzten Jahre ist der des „Narrativ", siehe Manfred Schneider 2017.

60 Siehe Guardian 2020.

61 Juli Zeh 2009, S. 37.

62 Juli Zeh 2009, S. 34.

63 Juli Zeh 2009, S. 89.

64 Michel Foucault 1975, S. 255.

65 Michel Foucault 1975, S. 257.

66 Den entsprechenden Nachweis haben Cass R. Sunstein und Richard Thaler erbracht, siehe ihren gemeinsamen Aufsatz in Cass. R. Sunstein 2005, S. 259ff.

67 Frank Schirrmacher 2013, S. 209.

68 Maurizio Ferraris 2011.

69 Dieter Kugelmann hält es für bedenklich, wenn die Beendigung der „Einschränkung der Grundrechtsausübung durch staatliche Gewährung einer anderen Grundrechtsausübung erkauft wird." Ders. 2020.

70 Eduard Kaeser spricht in diesem Zusammenhang von der „totalitären Versuchung", ders. 2020.

71 https://www.destatis.de/DE/Themen/Gesellschaft/Umwelt/Gesundheit/Todesursachen/Tabellen/sterbefaelle-unfaelle.html

72 Wolfgang Schäuble 2020.

73 Vor Juli Zeh 2009 haben eine solche Entwicklung als Folge einer Pandemie bereits Philip Roth 2010 und Albert Camus 1947 beschrieben.

74 Frank Schirrmacher 2013, S. 193.

75 In diesem Sinne äußert sich auch Wolfgang Schäuble, ders. 2020.

Literatur

Agamben, Giorgio (2002): Das Offene. Der Mensch und das Tier. (*L' aperto. L' uomo e l' animale*. Torino 2002). Frankfurt/M. 2004.

Agamben, Giorgio (2003): Ausnahmezustand. (*Stato di eccezione*. Torino 2003). Frankfurt/M. 2004.

Antes, Gerd (2020): „Die Zahlen sind vollkommen unzuverlässig." In *Der Spiegel*, 31. März 2020.

Arendt, Hannah (1958): Vita Activa oder vom tätigen Leben. (*The Human Condition*. Chicago 1958). München 1981.

Aristoteles: Politik. Hamburg 1995.

Beck, Ulrich (1986): Risikogesellschaft. Auf dem Weg in die andere Moderne. Frankfurt/M. 1986.

Bundesgesetz über die Bekämpfung übertragbarer Krankheiten des Menschen (Epidemiengesetz, EpG) (2012). 28. September 2012 (Stand 20. Juni 2020).

Bundesverfassungsgericht (2005): Beschluss des Ersten Senats vom 6. Dezember 2005-1 BvR 347/98 – Rn. (1–69).

Camus, Albert (1947). La Peste. Paris.

Christ, Michael; Grossmann, Florian; Winter, Daniela; Bingisser, Roland; Platz, Elke (2010): Modern triage in the emergency departement. In *Deutsches Ärzteblatt*, 2010; 107(50): 892–8. DOI: 10.3238/arztebl.2010.0892

Deutscher Ethikrat (2020): Solidarität und Verantwortung in der Corona-Krise. Berlin 2020.

Dengler, Kathrin; Heiner Fangerau (Hg.) (2013): Zuteilung im Gesundheitswesen: Grenzen und Alternativen. Bielefeld 2013.

Encyclopedia of Ethics (2001): Volume I, New York; London 2001.

Ferraris, Maurizio (2011): Die Seele – ein iPad? (*Anima e iPad : e se l'automa fosse lo specchio dell'anima?* Milano 2011). Basel 2014.

Forsthoff, Ernst (1971): Ausnahmezustand. In *Historisches Wörterbuch der Philosophie*. Basel 1971.

Foucault, Michel (1975): Überwachen und Strafen. Die Geburt des Gefängnisses. (*Surveiller et punir. La naissance de la prison.* Paris 1975). Frankfurt/M. 1976.

Gadamer, Hans-Georg (1960): Wahrheit und Methode. Grundzüge einer philosophischen Hermeneutik. Tübingen 1990.

Gillner, Matthias; Volker Stümke (2015): Kollateralopfer. Die Tötung von Unschuldigen als rechtliches und moralisches Problem. Baden-Baden.

Glied, Sherry; Peter Smith (Hg.) (2011): The Oxford Handbook of Health Economics. Oxford 2011.

Guardian (2020): Duty or score-settling? Rights and wrongs of corona-shaming April 18, 2020.

Hammerl, Christa; Thomas Kolnberger; Eduard Fuchs (Hg.) (2009): Naturkatastrophen. Rezeption, Bewältigung, Verarbeitung. Wien 2009.

Handke, Peter (1972): Ich bin ein Bewohner des Elfenbeinturms. Frankfurt/M. 1972.

Hösle, Vittorio (1997): Moral und Politik. Grundlagen einer Politischen Ethik für das 21. Jahrhundert. München. 1997.

Hoffmann, Thomas Sören (2020): Freiheit, auch ausnahmsweise. In *Frankfurter Allgemeine Zeitung*. 19. Juni 2020.

Jonas, Hans (1979): Das Prinzip Verantwortung. Versuch einer Ethik für die technologische Zivilisation. Frankfurt/M.

Kaeser, Eduard (2020): Das Coronoptikum – eine totalitäre Versuchung. In *Neue Zürcher Zeitung*, 2. Mai 2020.

Kaiser, Anna-Bettina (2019): Ausnahmeverfassungsrecht. Tübingen 2019.

Kant, Immanuel (1798): Die Metaphysik der Sitten. Frankfurt/M. 1977.

Kappel, Robert (2020). Afrika und die Corona-Krise. (GSP-Einblick, 2). Berlin: Gesellschaft für Sicherheitspolitik.

Kugelmann, Dieter (2020): Freiwillig oder mit Zwang. In *Frankfurter Allgemeine Zeitung*, 9. April 2020.

Lambrecht, Christine (2020): Für jede Maßnahme geradestehen. In *Frankfurter Allgemeine Zeitung*, 11. April 2020.

Le Monde (2020): 14-Juillet : une cérémonie militaire réduite, qui rend hommage à ceux qui ont lutté contre le coronavirus. 14. Juli 2020.

Lenk, Christian: Konzeptionen von Gerechtigkeit und der Umgang mit begrenzten Ressourcen. In Kathrin Dengler, Heiner Fangerau 2013, S. 77–111.

Lübbe, Hermann (1987): Politischer Moralismus. Der Triumph der Gesinnung über die Urteilskraft. Berlin 1987.

Lübbe, Hermann (1987): Politischer Moralismus. Der Triumph der Gesinnung über die Urteilskraft. Berlin 1987.

Lübbe, Weyma (2020): Corona-Triage: Ein Kommentar zu den anlässlich der Corona-Krise publizierten Triage-Empfehlungen der italienischen SIAARTI-Mediziner. In *Verfassungsblog*, 2020/3/15, https://verfassungsblog.de/corona-triage/, DOI: https://doi.org/10.17176/20200316-002835-0.

Macron, Emmanuel (2020): „Nous sommes en guerre". In *Le Monde*, 17. März 2020.

Meyer, Martin (2020): Corona. Eine Erzählung. Zürich 2020.

Meyerhöfer, Wolfgang (2020): Auch eine Krise der mathematischen Bildung. Wer rechnen kann und ein Zahlenverständnis hat, ist dem Schwindel der Statistik nicht wehrlos ausgesetzt. In *Frankfurter Allgemeine Zeitung*, 3. April 2020.

Mitchell, Sandra (2008): Komplexitäten. Warum wir erst anfangen, die Welt zu verstehen. Frankfurt/M.

Nietzsche, Friedrich (1886): Jenseits von Gut und Böse. München 1980.

Nussbaum, Martha (2011): Creating Capabilities. Cambridge 2011.

Phelps, Charles E. (2018): Health Economics. New York, London 2018.

Plickert, Philip; Thilo Thielke (2020): Afrika steht am Abgrund. In *Frankfurter Allgemeine Zeitung*, 7. Juli 2020.

Rechtsteiner, David (2016): Recht in besonderen und ausserordentichen Lagen. St. Gallen.

Roth, Philip (2010): Nemesis. Boston.

Rossiter, Clinton L. (1948): Constitutional Dictatorship. Princeton 1948.

SAMW, Schweizerische Akademie der Medizinischen Wissenschaften (2020): Covid-19-Pandemie: Triage von intensivmedizinischen Behandlungen bei Ressourcenknappheit. Basel 2020.

Schäuble, Wolfgang (2020): Schäuble will dem Schutz des Lebens nicht alles unterordnen. Interview mit dem *Tagesspiegel*, 26. April 2020.

Schirach, Ferdinand von (2016): Terror. Ein Theaterstück und eine Rede. München.

Schirach, Ferdinand von; Alexander Kluge (2020): Trotzdem. München 2020.

Schirrmacher, Frank (2013): Ego. Das Spiel des Lebens. München.

Schneider, Manfred (2017): Das närrische Narrativ. In *Neue Zürcher Zeitung*, 8. Mai 2017.

Schramme, Thomas (2002): Bioethik. Frankfurt/M.

Sumner, Andy; Chris Hoy; Eduardo Ortiz-Juarez (2020): Estimates of the impact of COVID-19 on global poverty. https://doi.org/10.35188/UNU-WIDER/2020/800-9

Sunstein, Cass R. (2005): Gesetze der Angst. Jenseits des Vorsorgeprinzips (Laws of Fear. Beyond the Precautionary Principle. Cambridge). Frankfurt/M. 2007.

Taupitz, Jochen (2020): Triage bei einer Pandemie. In *Deutsches Ärzteblatt*, Jg. 117, Heft 18; 1. Mai 2020, S. 928-930.

Thomas von Aquin: Summa Theologica. Vollständige ungekürzte deutsch-lateinische Ausgabe, Bd. 11: Grundlagen der menschlichen Handlung. Salzburg, Leipzig 1940.

United Nations Office for Disaster Risk Reduction (2020): Annual Report 2019. Genf 2020.

Walter, François (2008): Katastrophen. Eine Kulturgeschichte vom 16. bis ins 21. Jahrhundert (*Catastrophes. Une histoire culturelle.* Paris 2008). Stuttgart 2010.

Zeh, Juli (2009): Corpus Delicti. Ein Prozess. München.

Zum Autor

Andreas Brenner ist Professor für Philosophie an der Universität Basel und der Fachhochschule Nordwestschweiz, FHNW.

Wichtigste Buchveröffentlichungen: „Altern als Lebenskunst" (2019); „Wirtschaftsethik. Das Lehr- und Lesebuch" (2018); „UmweltEthik. Ein Lehr- und Lesebuch" (2014) (Übersetzung ins Französische); „Leben. Grundwissen Philosophie" (2009); „Bioethik und Biophänomen. Den Leib zur Sprache bringen" (2006); „Tiere beschreiben" (2003); „Lexikon der Lebenskunst" (mit J. Zirfas) (2002) (Übersetzungen ins Koreanische und Spanische).

Zum Dank

Erste Überlegungen zu „Corona" aus philosophischer Sicht, durfte ich mit meinen Studierenden an der Universität Basel und der FHNW in Basel diskutieren, wofür ich allen Beteiligten herzlich danke.

Basel, im August 2020

WirtschaftsEthik

Andreas Brenner

WirtschaftsEthik

*Das Lehr-
und Lesebuch*

Königshausen & Neumann

432 Seiten, Broschur
Format 15,5 x 23,5 cm
ISBN 978-3-8260-6508-8

Andreas Brenner

WirtschaftsEthik
Das Lehr- und Lesebuch

Die Ökonomie befindet sich in einem noch nie gesehenen Widerspruch: Auf der einen Seite nehmen die Wirtschafts- und Unternehmensskandale rasant zu: Es vergeht fast keine Woche, in der die Weltöffentlichkeit nicht mit Erstaunen das ethische Fehlverhalten sogenannter Vorzeigeunternehmen zur Kenntnis nimmt. Auf der anderen Seite sieht sich die neoliberale Wirtschaftstheorie, in deren Rahmen und Namen all dies geschieht, einer noch nie dagewesenen intensiven Kritik ausgesetzt.

Das vorliegende Lehrbuch führt nicht nur in die Grundpositionen der philosophischen und theologischen Wirtschaftsethik ein, sondern untersucht kritisch die Bereiche Arbeit und Konsum, fragt nach dem Begriff und der Zukunft von Unternehmen und analysiert Besonderheiten der Banken- und Marketingethik.

Jedes Kapitel dieses Buches schließt mit differenzierten Vertiefungsfragen. Zahlreiche fundierte Begriffsklärungen und Videohinweise gehören ebenso zu diesem modernen Lehrbuch wie zahlreiche Fallbesprechungen

Der Autor

Andreas Brenner ist Professor für Philosophie an der Universität Basel und der Fachhochschule Nordwestschweiz, FHNW in Basel.
Bei K & N erschien zuletzt *Umweltethik. Ein Lehr- und Lesebuch.*

Verlag Königshausen & Neumann GmbH
Postfach 6007 · D-97010 Würzburg
Tel. (09 31) 32 98 70-0 · Fax (09 31) 32 98 70-29
www.koenigshausen-neumann.de